こころがほっとするアドバイス

心療内科医 明橋 大二 著

1万年堂出版

はじめに

令和元年年末、突然のように発生した新型コロナウイルスの感染拡大は、またたく間に全世界を覆い尽くしました。

医療従事者をはじめとして、全人類がこの目に見えない相手との戦いに日々奮闘しています。テレビでよく見かけるタレントの感染や訃報が報じられるたびに、いつ自分がそうなるかわからないという、先の見えない不安が、人々の心に影を落としているように思います。

そんな中で私たちは、今改めて、**本当に大切なものは何なのか、守らなければならないものは何なのか**、再び問われているように思います。

緊急事態宣言が出ても、通勤電車の混雑は変わらない。「在宅勤務といわれても、会社からは出てこいと言われる。どうすればいいのか」と嘆く会社員の声がありました。

通学通勤の自粛といわれても、「教育崩壊を防ぐ」という名目で、学校は休校にならない。不安になった高校生がストを起こし、結局、全県休校になったところもありました。

何よりも大切なものは「命」。誰もがわかっているはずなのに、現実には、命より優先されていることが、この世の中にまだたくさんあることに、改めて気づかされたのではないでしょうか。

しかし、メンタルヘルスの現場では、不登校の子どもたちや、うつ病の患者さんを通じて、私たちは常にその問題を突きつけられてきたと思っています。

その中で、**本当に大切なものは何なのか、命を真ん中に置くとはどういうことか**、くり返し教えられてきたと思うのです。

平成30年6月から始まったLINE公式アカウントでの「**Dr.明橋のココロがほっとするラジオ**」でテーマになったのも、そのことでした。

番組では、リスナーの方からの相談やメッセージを取り上げ、それに私が答えたものを、ラジオ風に編集して、LINEで定期的に読者の皆さんにお届けしています。

リスナーの方は、子育て世代を中心に、10代から私と同年代くらいの方まで幅広い世代にわたります。相談の内容も、子育てから人間関係、生き方や人生の悩みまで、本当にさまざまです。ある意味、この社会の中で、生きづらさに悩む人たちの代弁者として、相談を寄せてくださったと思っています。中には、深刻な相談も少なくなく、まさに「**生きる意味**」**そのものを問う**ような内容もありました。対面の相談ではないので限界はありますが、私なりに何とか伝わるものがあればと願って、言葉を選んできました。

また番組の中では、2回に1度、音楽の歌詞を取り上げて、それについて語り合う、そんなこともやってきました。

私は高校時代から、ロックやパンクロックが好きで、それが高じて、大学時代は、大阪の音楽雑誌の編集部に泊まり込んで、レコードのレビューを書いたり、バンドのマネジメントをしたりしていました。音楽の歌詞の中には、人間について、命について、この時代について、歌われたものもたくさんあります。非常に哲学的な内容もあるし、深い気づきを与えてくれるものもあります。私なりにその**歌詞から受け取ったメッセージ**を、ぜひリスナーの皆さんとも共有したいと、番組の中でお伝えしてきました。


そういった内容を、このたび、一冊の本にまとめることになりました。

巻末には、悠々《ゆうゆう》ホルンさんとの対談も掲載しています。

対談のテーマは、まさに、「**命より大切なものってあるの?**」。誌上では、その素晴らしい歌を聴いてもらえないのが残念ですが、彼の歌もネットで聴くことができますので、関心のある方はぜひお聴きください。

ラジオではいつも、藤森文子《あやこ》さんにナビゲーターをしてもらっていますが、この本では、今回初登場のカワウソの「**カワッピー**」が、ナビゲーター役をしてくれています。

この困難な時代、この本が、少しでも皆さんの生きる力の糧になってくれるなら、これほどありがたいことはありません。

明橋　大二

キャラクター紹介

カワッピー

いつもほのぼの優しい、カワウソのカワッピー。つらい思いをしている人あらば、陸の上でも水の中でも、「こころによく効く言葉の薬」をもって現れる。首にかけたヘッドフォンはみんなの悩み事をキャッチするためのもの。

ピィちゃん

ひといちばい敏感な、スズメのピィちゃん。がんばり屋さんだけど、空気を読みすぎて疲れやすい。カワッピーとはもちつもたれつのよい相棒。

こころがほっとする
アドバイス **もくじ**

第2章　夏のこころ

第3章 秋のこころ

第4章　冬のこころ

第1章

春のこころ

Dr.明橋のこころがほっとするラジオ
ON AIR

「相手を変えようとして、否定のメッセージを送っていませんか？」

人間関係がうまくいかず、最近とても疲れています

うんうん その気持ちよく わかるよ
不満
不満

悩み相談

わかってもらおうと思って言った言葉がうまく伝わらず、よけいに相手との関係がぎくしゃくしてしまいました。明橋先生の子育て本には、子どもに「あなたはこうすべき」と言うのではなく、「私」を主語にして「うれしい、悲しい」と、その気持ちに訴えかけるほうが子どもには伝わる、とありましたが、これは誰にでも通用するものなのでしょうか？　職場では上司や部下、男女の違いはもちろん、抱えている仕事も性格も一人ひとり違います。

コミュニケーションしていくうえで、これだけは忘れてはならないことを教えてください。

今回は、職場でのコミュニケーションについての相談です。

複数の人間が一緒に働いている場だと、いろいろと行き違いもあると思います。

1回会うだけならいいですが、毎日毎日、顔を合わせないといけない。一度、人間関係が崩れると、もう職場に行くのが嫌になったりしますよね。

「**何かを相手に伝えよう、アドバイスしよう、というときに、『あなたはこうすべきだ』と言うのではなく《私》を主語にして、『うれしい、悲しい』と、相手の気持ちに訴えかけるほうが伝わる**」

これはたしかに、『子育てハッピーアドバイス』の本にも書きましたが、私は**職場でも同じ**だと思います。

先輩として後輩に注意するときでも、「おまえのこういうところがイカンよ」と言うよりも、「私はこういうところがちょっと心配な気がするよ」とか、「これは少し残念だったな」と言ったほうが、相手も「ちょっと悪かったかな」「申し訳なかったな」という気持ちになると思うんです。

ですから、子育てに限らず、これは人間関係に共通することだと思います。

コミュニケーションの目的は？

そもそもコミュニケーションをとるときには、**相手が何を求めているのか**、そこをよく考える必要があります。話をしてくる目的は何か、ということです。

たとえば、「こんな嫌なことがあって、どうしたらいいでしょう？」と聞いてくるとします。そういうとき、私たちはついつい答えを求めていると思いがちです。「それはこうしたらいいんじゃないの？」とか、「こういうことがいけないんじゃないの？」と、つい答えを言ってしまいます。そうやって答えを言ってあげたのに、相手は、「だけどこうなんです」と言ってくる。それで、「じゃあこうしたらいいんじゃないの？」と言うと、さらに、「いや、それもやってみましたけど、無理でした」となる。じゃあ聞くなよ！という話ですね（笑）。

じつはそういうときって、相手は答えを求めているのではなく、自分のつらい気持ち、苦しい気持ちをわかってほしいと思って言っているだけ、ということがあります。

その場合は、いきなり答えや結論を言ったり、こうしたらいいんじゃないの？とアドバイスをしたりしてはいけないんですね。そうではなく、まずは相手の気持ちを受け止める。そのときに有効なのが、「同じ言葉をくり返す」ことです。

たとえば、後輩が「上司にこんなことを言われて……」と言ってきたら、「そんなことを言われたんだね」と、同じ言葉をくり返します。すると、後輩は「先輩、何でわかるんですか⁉」という対応をしてくるのです。

さっき言ったじゃないかということなんですが、やはり同じ言葉でも、他者から聞けば、わかってもらえたという気持ちになるんですね。

まず、**相手の気持ちを受け入れる**。そのためには、「こういう言葉でイライラしたんだね」とか、「こういうことで、すごく不満だったんだよね」というふうに返していく。すると、相手は少し気持ちが落ち着いて、すっきりしてくるわけです。

大切なのは、相手に自分で気づいてもらうこと

気持ちを受け止めてもらうと、相手はたいてい「自分もこういう言い方をしたのはよくなかったけど……」「私にもたしかに問題はあるけど……」と今まで他人にばかり目が向いていたのが、自分に目が向いて、そう言ってくるようになります。「どういうことかな？」と、ちょっと聞いてみると、「いやあ、自分もこういう気をつけるところがあって……」と、自分に対するふり返りをするわけですよね。

こちらから「もっと反省しろよ」とか、「自分のほうこそどうなんだ」などと言わなくても、自然と自分のことをふり返れるようになります。

ただ、相手が反省の言葉を言ったからといって、「やっぱりそうだろう！」と言うのはダメで、「そんなことないと思うけどな」と言うと、相手は気持ちもスッキリするし、少しずつ自分のこともふり返っていける、ということなんですね。だい

たい、愚痴や不満を言ってくる人の8割9割は、答えを求めているのではなく、気持ちをわかってほしいのです。だから気持ちはわかったよと伝えれば、自分でふり返るようになります。

たしかに1割くらいの人は、共感すると、「やっぱりそうなんだ！」「私の思っているとおり、あいつはとんでもないやつだ！」と、よけいに不満を強化してしまうこともあります。ただそういう人は、苦しみのかなり深い人なので、なかなかこちらからアドバイスをしても、そんなにすぐに伝わるわけではないんですよね。だから結局、私たちにできるのは、相手の気持ちを理解して認めてあげることです。そういう中で、相手自身が気づくのを待つ。

気づいたことがあったら、それを共有して、「そんなことに自分で気づけるなんてスゴイわ」「私だったら、なかなかそういうことはわからないよ」というふうに言っていく。すると、関係をぎくしゃくさせずに、相手に気づいてもらうことができると思います。これは焦《あせ》ってはならないことで、人間が変わることは、そんなに簡単なことではありません。

最初は聞くだけで終わるかもしれませんが、それでもいいんです。スッキリして、元気になるわけですから、そういうことをくり返すうちに、少しずつ自分のことにも気づけるようになると思います。私たちは、人を変えようとしてしまいますよね。

だけど、人ってそんなに変われるものではないし、**変えようということは、「今のあなたはダメだ」と、否定のメッセージを送っている**ことになります。

それはよほどの信頼関係がないと、なかなか言えないことだと思うんです。

そういう関係ができたうえで、「僕はいつも見ているけど、こういうところは心配だよ」と言うのであれば、なんとか心に触れられると思いますが。

まずは相手の苦しみを理解してあげる、ということだと思います。

逆の立場に立てば、わかりますよね。

相談しても、「こうすればいいじゃないか」「なにを悩んでいるんだ！」というように言われると、話をする気がなくなりませんか。

ですから、共感することは、非常に大きな力になるのだと思っています。

「敏感で傷ついた心は、いつでも育て直すことができます」

敏感で生きづらい私が、楽に生きられるコツはありますか？

休みながら
ゆっくりいこう

悩み相談

私はおそらくＨＳＰ（ひといちばい敏感な人）だということがわかり、「生きづらさの理由はこれだったのか！」と楽になりました。

それでも、会社で怒られると泣きそうになったり、周りで怒っている人がいると、それだけで不安になったりします。注意されると全否定されたような気になり、気を張っていないと不安で押しつぶされそうになります。夢でも会社の後輩に否定されることがあって疲れます。

どうしたら楽に生きられるのか、明橋先生の『ＨＳＣの子育てハッピーアドバイス』の本を読んで私に当てはめているのですが、考え方のコツがあれば教えていただけるとありがたいです。


ＨＳＰ、ＨＳＣのご質問ですが、それって何だろうという方もいらっしゃると思うので、簡単に説明したいと思います。

まずＨＳＰというのは、ハイリー・センシティブ・パーソンの略称で、ひといちばい敏感な人のことです。

そういう人は、子ども時代から敏感なところがあり、そのひといちばい敏感な子どもを、ハイリー・センシティブ・チャイルド（ＨＳＣ）といいます。

要するに、**「ひといちばい敏感な特性をもった人」**ということです。

これは病気や障がいではなくもって生まれた性格で、男女や国に関係なく、５人にひとりはいるといわれています。

音や匂い、肌触りなど、感覚的に敏感なだけではなく、他人の気持ちにも敏感です。つまり、周りの人が何かつらい思いをしていたり、自分に言われたことを、すごく敏感に受け取ったりします。

もちろん、他人が気づかないところに気づくことは、素晴らしいことでもありますが、その一方で、気にしなくてもいいところまで気にしてしまって、結構、疲れやすかったりします。

まずはＨＳＰの特徴をよく知ること

敏感でしんどくなってしまうことが多いので、私はまず、自分がＨＳＰという特性をもっていることを知ることが大事だと話しています。

何でこんなに気になってしまうのか、何で他人と違う受け取り方をしてしまうのか、その理由がわかれば、腑に落ちて楽になることもあります。

この方は、会社で怒られると泣きそうになったり、周りで怒っている人がいると不安になったりするということですが、ＨＳＰは、怒られるということに、すごく敏感に反応してしまうことが多いです。

怒っている人は、自分ではない、他人に対して怒っているのに、その人を見ると自分に対して怒っているんじゃないかと思ってしまうんですね。

また、注意されると、別に全面否定されているわけではなく「ここをこうしたほうがいいよ」と言われただけなのに、もう自分はダメなんだと全否定されたように思ってしまうこともあります。

この方も、おっしゃるとおり、敏感な特性が関係しているような気がしますね。しかも夢でも否定されるということですが、昼間のことを引きずってしまっていると、夢にも出てくることがあります。

そこで、『HSCの子育てハッピーアドバイス』を読んでくださっているということですが、この本は本来は、HSCの子どもをどう育てるかという内容です。だけど、大人になってからでも、自分の敏感な部分に気づかずに自分を否定して育ってきた、それをもう一度育て直すという意味では、参考にしてもらえるのではないかと思っています。

敏感な心を守るのは、バウンダリーとダウンタイム

ＨＳＰが生きていくための心がけでとても大事なことがふたつあります。それは何かというと、「バウンダリー」と「ダウンタイム」です。これはＨＳＰを提唱したアーロン博士の言葉です。

日本語に訳すと、バウンダリーとは**境界線を引く**、ダウンタイムとは、**休憩を取る**ということなんですね。

このふたつは、どんな人にとっても大事ですが、特に敏感な人たちにとって、すごく大事なことだと思います。

まず境界線を引くというのは、要するに、「**人は人、自分は自分**」と考えることです。

つい他人から、「あなたはこうじゃないの？」と言われると、「そうかもしれな

い」とそのまま受け取ったり、また別の人から「あなたはこうでしょ」と言われたら、「そうなんだ」と思い込んだり、周りの人の言葉をそのままうのみにして、ココロと動揺してしまうことがありますよね。

だけど、こういう言葉があります。

「今日褒めて、明日悪く言う人の口、泣くも笑うも嘘の世の中」

他人は、今日褒めていると思ったら、明日にはけなすものです。

マスコミなんかいい例ですよね。アイドルや芸人など、昨日褒められていたかと思ったら、今日はボロクソに言われたりしています。人間の口は、そういうものなのです。

じゃあ昨日までの自分と、今日の自分とで、そんなに大変わりしたかというと、何も変わっていません。それなのに他人の都合によって、褒められたり、けなされたりする。「泣くも笑うも嘘の世の中」といわれるように、一喜一憂するけれども、じつは周りの人の言葉は、あてにならないものだということですよね。

ですから、もちろん周りの意見は参考にする部分もありますが、結局は自分のことは自分で決めていくしかないのです。

周り中がいろんなことを言ってきますが、「その人はそんなふうに思うんだな。だけど私はこう思っているから、これでやっていこう」と考えていく、ということです。悪口を言ってくる人があっても、「たしかにそういうところはあるかもしれない。だけど、自分はそういうつもりで言っているのではないし、そんな悪いところばかりでもない。実際に自分のことを評価してくれる人もいる」と思えば、そういう悪口をうのみにすることもないんじゃないかと思うんですよね。

これは私も、本の感想や講演のアンケート内容を読んだときによくあります。だいたい9割は、「よかったです」「参考になりました」という感想なんですが、たまに1枚や2枚は、「役に立たなかった」「眠くなりました」と書いてくる人がいます。すると、むちゃくちゃ気になるんですよね。それが全部の感想のように思えてきます。

だけど、１００枚のうち1枚だったら、それは１００分の1でしかないわけです、１００分の99は違う意見です。それなのに、そう感じてしまうことは、私たちの中によくあることなんです。いろんな考え方の人がいるし、参考になるところは受け取って、だけど、全部うのみにする必要はない。**人は人、自分は自分**と見ていくことが、「境界線を引く」ということです。

もうひとつのダウンタイムは、休憩するということです。

敏感で、いろんなことが気になって、考えているだけで疲れてしまうのがＨＳＰです。疲れやすいから、**休憩やひとりになる時間がどうしても必要**です。

周りの人は疲れを知らずにバリバリやっているのに、何で自分はこんなに弱いんだろうとＨＳＰの人は思ってしまいがちですが、別に弱いのではなく、それだけ他の人よりたくさんの情報を処理しているということだと思います。

だからそういう自分を責めることはまったくないし、必要な休憩は取っていいんですね。休憩するからこそ、がんばれるわけで、休憩はすごく大事です。

ですから、そのふたつのことを心に置いて、生きていってもらえたらなと思います。

Dr.明橋のこころがほっとするラジオ
ON AIR

「境界線を引く技術を身につければ、敏感さは素晴らしい力を発揮します」

HSPに向いている職業を教えてください

あなたと相手の境界線が大切だよ
相手に同情しすぎてしまったらどうしよう…
相手
あなた

悩み相談

私は現在大学生ですが、ＨＳＰで、小さい頃から他人の気持ちがよくわかるため、つらい状況の人を助ける仕事がしたいと思い、現在、リハビリ系の学科に通っています。

ですが勉強を進めるにつれて、他人の気持ちがわかってしまうために、将来、患者さんに同情しすぎて、自分自身が苦しくなってしまうのではないかと考えるようになりました。このような悩みを抱えたままで、医療職に就いても大丈夫でしょうか？

また、ＨＳＰに向いている職業なども教えていただけると嬉しいです。

この方は現在大学生で、ＨＳＰということですが、私はぜひ現在いる道を、そのまま進んでいただきたいと思いますね。

たしかにＨＳＰは、他人の気持ちや、つらさがわかりますし、他人の困っている状況によく気づきます。**人が困っていることに気づかないと、援助はできない**ですから、そういう意味では、こういう人こそ援助職に向いているんじゃないかと私は思います。

ただ、「他人の気持ちがわかってしまうために、将来、患者さんに同情しすぎて、自分自身が苦しくなってしまうのではないか」という悩みも、よくわかります。

医療職に就かれる前からこういうことに気づかれたのも、本当に素晴らしいことだし、すごくいいことだと、私は思いますね。

相手に巻き込まれない「技術」は身につけられる

おっしゃるとおり、ＨＳＰの方は他人の気持ちがよくわかるので、患者さんのつらい話を、自分のつらさのように感じてしまいがちです。

また、周りの人が怒られているのを見ると、自分が怒られているように感じることも、よくあります。

たしかに、あまりにも共感力が高いために、自分までつらくなってしまうことは、援助職を選ぶうえで、やはり注意しないといけないことです。

ただ、そういうときに適切に境界線を引く、巻き込まれない、**相手も大事だけど、自分のことも大事にする**というのは、これも援助の技術のひとつなんです。

それはかかわるうちに学んでいけることだし、自分で身につければいいことだと思うんですよね。

私はそんなに敏感なタイプではないですが、精神科医になりたての頃は、患者さんと同一化しすぎて、トラブルになったことがあります。患者さんはいろいろと困った行動を起こすのですが、私は患者さんの立場に立って弁護しました。だけど看護師さんたちは、困った患者さんだから、早く退院させたほうがいいと言う。私は何でそんなことを言うのかわからない。患者さんは平等じゃないかと、ひたすら同一化してしまって、看護師さんたちに怒っていたわけです。

ところがそんなことをしていると、スタッフの中で、どんどん孤立してしまいました。そうなると、患者さんも過度に主治医に依存してくるし、なかなかよくならずに、上の先生が介入して外来治療に切り替えたということがありました。

たしかにそういうことはあります。だから、おそらくＨＳＰの方なら、患者さんに巻き込まれて、共感しすぎて、しんどくなることもあると思います。

そういうときには、上の先生や、周りの相談できる先輩に聞きながら、適切な距離の取り方を学んでいくことが大切です。そうしていくと、やがてできるようになります。

飛行機で先に酸素マスクが必要なのは？

これは子育てでも同じです。敏感な子（ＨＳＣ）を育てようとする親が、敏感な人（ＨＳＰ）の場合は、子どもの気持ちがわかりすぎて、子ども以上に親が悩んでしまうことがあります。親のほうが食欲もなくなり、夜も眠れなくなって、薬が必要になるのです。

こんなときの対応について、前出のアーロン博士は、飛行機のたとえを使ってアドバイスしています。

飛行機の中で酸素不足になったときには、酸素マスクが降りてきますよね。そんなとき、隣に子どもがいた場合、子どもにマスクをつけるか、自分にマスクをつけるか、どちらが先かという話です。多くの人は「まず子どもにマスクをつける」と答えるのではないでしょうか。

しかし、正解は、「自分にマスクをつける」です。

結局、子どもにつけている間に、自分が酸欠で意識を失ってしまったら、子どものケアもできません。まず自分が酸素を確保して、そのうえで子どものケアをするのです。同じように子育てでも、親が先に倒れてしまったら、子どものケアもできません。ですから、親が自分のケアをする、自分を大切にすることに、罪悪感をもつ必要はないですよ、ということです。

これは援助職も同じです。自分が倒れてしまったら、相手も援助できないわけですから、自分のケアをすることも大切なことです。それも援助のひとつなのです。だから、オンとオフ、仕事とプライベートは分ける。患者さんには、個人の携帯番号を教えないというのは、やはり援助のために必要なことです。

そうして、初めて援助ができるのです。それらは学んでいくうちに、きっとわかってこられると思います。

しかしその前提として、患者さんに共感することがなければ、悩むこともないですよね。技術はあとからいくらでも学べますが、共感力というのは、なかなか身につけられるものではありません。それをちゃんともっておられるわけですから、私はとても素晴らしいことじゃないかと思います。ですから、先ほど言ったようなことを大事にしながら、素敵な援助者になってもらいたいと思いますね。

リーダーシップが必要な仕事にも

ほかに、「ＨＳＰに向いている職業を教えてほしい」とありますが、アーロン博士がいわれているのは、カウンセラーや、看護師さん、学校の先生、芸術家や発明家などです。他人の気持ちや、細かいことに気づきやすく、繊細な感性をもっているからです。

あとはリーダーシップをとる人、たとえば会社の社長などです。

一見、ＨＳＰの方とは対極だと思われがちですが、**社員の気持ちがわからないとリーダーにはなれない**ですから、そういう感性も必要です。

トップに立つ人というのは、もちろん行動力もありますが、やはり世の中の変化や風向きみたいなものを、敏感に察知しますよね。そういう面でも向いているんじゃないかといわれています。

Dr.明橋のこころがほっとする
ON AIR

「ついつい子どもにキレてしまうのは、それだけ真剣に向き合っているからです」

子どもに怒りすぎては自己嫌悪でいっぱいになります

子どもとちゃんと向き合っている証拠だよ
つい激しく怒ってしまう……

悩み相談

子どもが言うことを聞かないと、たまに我を忘れて怒ってしまい、自分が怖くなるときがあります。そのあとは自己嫌悪でいっぱいになります。

私は親から否定されて育ちましたが、親からされてきたことを本能的にやめられなくて、可愛くて仕方ないはずの子どもに同じようなことをしてしまいそうになります。多くはないかもしれませんが、そういう人はいると思います。

虐待事件を起こした親のニュースを憎さ100倍で見ていますが、自分を含め、そんな可能性のある親子関係を見直して、どこかでその連鎖を断ち切り、助けるきっかけがあったなら、違う人生があったのではないかとも思います。

今、このときも苦しんでいる親たちに、ぜひアドバイスをお願いします。

「親からされてきたことを本能的にやめられなくて、可愛くて仕方ないはずの子どもに同じようなことをしてしまいそうになる」

これは、決して少なくない悩みです。私もこういう相談を本当にたくさん受けます。「どこかでその連鎖を断ち切り、助けるきっかけがあったなら、違う人生があったのではないか」とありますが、私もまったく同感です。

虐待の連鎖を断ち切る出発点に立つこと

私は児童相談所で、2週間に1回、おもに虐待リスクのある親御さんのカウンセリングをしています。いろいろと話を聞いていると、やったことそれ自体は、「何とひどいことを」と最初は思いますが、よくよく話を聞くと、この人も、こんなふうにしたくてしたのではないことがわかってきます。

さまざまなつらい生い立ちから始まって、誰も助けてくれる人がいないとか、経済的な困難が重なって、そのように追い込まれてしまったということがわかるんですね。やっぱり、この人もつらかったんだなと感じます。

私は本当にいっぱいいっぱいでSOSを出している親御さんは、子育て現場にたくさんあふれていると思っています。

何とかそういう人に届いてほしいと思って、こういうラジオでの悩み相談をしたり、本を書いたりしているんですけどね。

親と同じことをやってしまって、自己嫌悪でいっぱいになると言われていますが、ただ、私はこの方の親がやってきたことと、この方のやっていることは、まったく一緒かというと、決してそうではないと思います。

それは、自分がやっていることに対して、**これじゃいけないという気持ちをもっている**ことです。多分、親御さんは自分のやったことは間違っていないと思っていて、子どもがこんなにつらい思いをしていることに、あまり気づいていないんじゃないかと思うんですよね。

だけど、この方は、自分がやってはいけないことをしている、そのために子どもは傷ついているんじゃないかということに、ちゃんと気づいておられる。

それはすごく大きなことで、それが支援の出発点というか、こういう状況を変えるためのスタートラインになると私は思っています。

そういう意味で、決して同じじゃないと思うんです。

よく、子育ての相談を受けていると、親御さん自身が、自分と親との関係にさかのぼって、「親にあのときこうしてほしかった、親がしたことはやっぱり間違っていたんじゃないか」とおっしゃることがあります。

ところがそれを、その方が親に伝えると、たいてい、「今さら何を言うのか！苦労して育ててやったのに、文句を言うな！　おまえのほうがわがままでひどかったんだ」と逆ギレされたり、認めてもらえなかったりすることが、結構あります。

それによって、**よけいに傷ついてしまうこと**があるんですよね。

そういう意味で、この方の「自分がやっていることは間違ってるんじゃないか」と感じることは、私はこの状況を変えていくきっかけになると思います。

もっといえば、ついつい子どもにキレてしまうのは、それだけ子どもと真剣に向き合っている証拠です。

単身赴任のお父さんが、子どもにキレることはありません。日々、子どもとかかわっているからこそ、このようについついキレてしまうのだし、深くかかわっているということは、愛情をもっているからで、それは子どもにもちゃんと伝わっているんじゃないかと思います。

自分が受けた子育てをふり返る

では、具体的にこの状況をどう変えていくかですが、まず、自分が受けた子育てをふり返って、**親のどこが間違っていたのか、どうすべきだったのかということを、きちんと知る**ことが大切です。

言葉を換えれば、親から受けた子育てをちゃんと批判することです。

親に感謝しましょうとの考えは、もちろん大事なことです。だけど、「もっとこうしてほしかった」「不満だった」「傷ついた」こともたしかにあったわけで、それを最終的にはきちんと批判して、「ここが間違っていた」ということがわからないと、同じことをやってしまいます。

ですから私は、高校生の授業で、「自分が受けた子育てをふり返る」「どこが正しくて、どこが間違っていたのか、きちんと整理して文章にする」というような取り組みをすべきだと思っています。

そうして大人になる前に、自分が受けた子育てを批判的に見ることができれば、たとえ虐待があったとしても虐待の連鎖をしなくてすみます。

結局、嫌だ嫌だと思いながら、どこが間違っていたのか、どこがいけなかったのかを知らないから、同じことをやってしまうわけですよね。

今はいろいろな育児書も出ていますから、自分の子どもというより、自分の親との関係を理解するために読んでもらってもいいと思います。

『子育てハッピーアドバイス』への感想でも、「最初は子育てのために読み出したけど、途中から、自分の親との関係を考えながら読んでいた。本当は親にこうしてほしかった、こういう言葉をかけてほしかった。だけど、実際はその反対のよくない例ばかりだった」というような声がたくさん来ています。

そういうことを理解できたのは、すごく大きな進歩だと思います。

どこが間違っていたか、どうするべきだったかということがわかれば、そこで初めて同じことをしなくなるんですよね。

もちろん、いっぱいいっぱいになると、それでもやってしまうこともあるので、周りに支援を求めてサポートを受けるのも大事なことです。

だけどやはり、まずは自分の親から受けた子育てをきちんと批判してもらいたいと思います。

それが、状況を変える大きなきっかけになるんじゃないかと思います。

親に感謝できるのは、間違いをちゃんと批判してこそ

手をあげてしまえば、自己嫌悪に陥ってしまうと思うんですけど、それだけ一生懸命子育てをし、またこうして相談までされるのは素晴らしいことです。そんな自分を決して責める必要はないと思います。

虐待のリスクのある親御さんが、かつて受けた子育てをふり返って、親のここが間違っていたというのがわかってくると、最終的には、親も大変だったんだな、親も独りぼっちでつらかったんだな、ということもわかってきます。もしかしたら、親にしてもらったいいこと、100パーセントマイナスではなかったことがわかってくるかもしれません。

そういうことは、周りから感謝しろと言われてするのではなく、自分の素直な気持ちで、自分の中から出てくるものです。「親もいろいろ大変だったんだな」と親

のことを理解できる日がいつか来ると思います。そのときに初めて、親から自立したといえると思います。

そうなる前には、ちゃんと親がした子育てを批判することです。批判せずに許してしまうのはよくないと思うんです。

昔、暴走族だった人で、その人が親になってから、「あれだけ親父が殴ってくれたから、今がある」と思うようになり、そのことが自分の中で全部いいことに変わってしまい、自分の子どもを殴っている、というような例がよくあります。

だから、そんな簡単に許しちゃダメです。

きちんと批判すべきことは批判して、そのあとで、親の事情を考えるというのはあってもいいかなと思います。

今日の1曲～A tune for today

「ありあまる富」（椎名林檎）

――作詞・椎名林檎――

私たちの本当の価値は誰にも奪えない

音楽を紹介しながら、その歌詞に込められた意味を読み解いていく。そんなラジオパーソナリティのようなことをずっとやってみたいと思っていましたが、この度、こういう形で実現しました。

そこでぜひ最初に紹介したいのが、椎名林檎さんです。私は、デビューした頃からの大ファンで、本当に音楽もいいし、歌詞も素晴らしい。アルバムはほとんど持っています。

今回は、「ありあまる富」を取り上げさせてもらいました。

ありあまる富の意味は、**あなたには、ありあまるほどの価値が溢れているんだよ**、ということだと思うんですね。

世の中でいう富とは、お金を持っている、財産がある、あるいは、会社での立場や学校での成績など、目に見えるもの、そういう価値のことだと思っています。だけど、僕らが手にしている本当の価値は、目に見えないところにあるんだよ。だから奪えないし、壊すこともできない。

たとえばお金だったら、奪われることがあります。家や財産なら、壊れたり、流されたりということがあります。だけど、私たちがもっている本当の富は、奪ったり壊されたりすることのできないものだ、ということですよね。

では、それは何かというと、**命**なんです。

〝何故なら価値は生命に従って付いている〟。

命そのものが価値だということを、林檎さんは歌っていると思います。

命があるから、いろいろなものが価値をもつわけです。ところが私たちは、それがどこかで逆になっていて、お金を儲けるための人生、地位や名誉を得るための人生になっている場合があります。そうなると、お金に価値があって、それを稼げる命には意味があるけれど、稼げない命には意味がない、となってしまいます。地位や名誉にしても、それらに価値があって、そのために役立つかどうかで命の値が決まるということになります。

だから、リストラなどに遭うと、会社から必要とされなくなった自分は、もう生きていく意味がないと思ってしまったり、友達関係で裏切られると、見捨てられた自分には価値がないと考えたりします。

だけど、そうじゃないんだ、何かの役に立つための命ではなくて、命そのものに価値があるんだよ、ということです。

お金といっても、まず命があって、生きるために必要だからこそ価値をもつわけです。どんなに大切な財産があっても、命があるからこそ意味が出てきます。

もし、**この世の中から命がなくなってしまったら、すべてのものに意味がなくなります**よね。そのことを、もう一度、ふり返るべきじゃないかと思っています。

ところが、自分にそんな価値なんてないんじゃないかと思ってしまうぐらい、けなされたり、否定されたり、悪口を言われたりすることがあります。だけど、そんな言葉に嘆いたとしても、それはつまらないことだよと、林檎さんは言っています。

そして、〝なみだ流すまでもない筈　何故ならいつも言葉は嘘を孕《はら》んでいる〟と。

言葉はいつも嘘を孕んでいるということですが、お釈迦様の言葉に、「心口各異　言念無実」というのがあります。心と口が各々異なると書きますが、要するに、**心で思っていることと、口で言っていることが、全然違う**ということです。

「言念無実」というのは、言っていることも思っていることも、本当のこと（真実）がひとつもない。嘘っぱちばかりだということです。

みんな、昨日までもてはやしていると思ったら、今日はバッシングする。それぞれの評価で好き勝手に言っている。

もちろん、批判されるような悪いことをしてはいけませんが、それによって、その人の今までやってきたことがゼロになるかというと、そうではないんですよね。

私たちは、他人からの評価にすごく左右されます。他人の期待に応えられないとき、思った結果が出せないとき、「自分はいても意味がないんじゃないか」「自分なんていなくたって同じじゃないか」と思ったりしますが、決してそうじゃありません。

生きている命そのものに、ありあまる価値があるので、また元気を出してほしい、また笑顔を見せてねと、訴えかけていると思うんですよね。

もっと目に見えない幸せ、価値に目を向けていけたらいいなと思います。

今日の1曲 ～ A tune for today

「ダイヤモンド」(BUMP OF CHICKEN)

――作詞・藤原基央――

自分をもっと大切にしていいんだよ

BUMP OF CHICKENは、私も大好きなバンドですが、この「ダイヤモンド」は、じつはメジャーデビュー前のファーストシングルなんです。

このあと一気にブレイクしましたが、藤原基央《もとお》さんの「基央ワールド」

というか、本当に考えさせられる、それでいてわかりやすい歌詞をずっと書いていたんだなと改めて思いました。

この歌詞の途中に、助けを呼ぶ声、泣き声の主、ＳＯＳを発している人が背中にいるんだよ、と言っているところがあります。

それは誰かというと、どこか聴いたことのある懐かしい声なんですね。それでやっと会ってみると、それは〝大嫌いな弱い僕〟だったんです。要するに、**助けを呼んで泣いてたのは、自分だった**のです。

このようなことは、じつはカウンセリングの現場でよくあることです。たとえば心身症で、ずっと目まいがする、耳鳴りがする、あるいは、胃が痛い、食欲がない、眠れない、ということを訴えてこられるんですが、何か感情がこもっていないというか、淡々と話をされるんですよね。そこを聞いていくと、やはり大変なストレスを受けるようなことが、いろいろと出てくるわけです。「それは大変だったでしょう?」と聞くと、「これが普通だと思ってました」とか、「いや、こんなことで負けちゃいけないと思ってました」「他のみんなだってつらい思いをしているんだから、自分だって当然だと思ってました」というようなことを言われます。

もちろん、自分が、がんばらないといけないとか、強くないといけない、いい子じゃなきゃいけないと、がんばって生きてきたのは素晴らしいことですが、どこかで自分の感情を置いてきてしまっている。これを**アレキサイミア**（**失感情症**）といって、特に心身症の人に多いんです。

周りに合わせて生きている、あるいは親の期待に応えるために生きている、そんな中で、**自分の本音を置きざりにしてきた**。そういう人は、最初はなかなか感情が出てこないこともありますが、ずっと話を聞いていくと、ちょうど温泉を掘り当てたみたいに、本音の部分に突き当たるときがあります。そうすると、急にわっと泣き出される方もいます。

感情が噴き出してくると、患者さん自身は、自分の中にこんな涙があったのか、自分ってこんなにつらかったのか、そんな中、よくがんばってきたよな、と戸惑ってしまうんですよね。本当にあとからあとから涙が出てきて止まらなくなることもあります。

そういうことがあると、次からどこか表情が豊かになったり、感情が出てきたりして、少しずつ身体の症状が取れてきます。

ですから、本当にこの歌詞のとおりで、結局、置いてきた自分というのは、弱い自分や、泣いちゃう自分、助けてって言いたい自分、ダメだと思っている自分だということです。それを言ってはいけないと強がって、無理して背伸びをして生きてきたわけです。

だけど、そういう弱い自分だって、大事な自分の一部なんだから、それも一緒に抱きしめていってもらいたいなと思います。

最初は、大事なものはたくさんあったと言っていますが、最後には、じつは大事なものはいくつもない、ひとつだけだったと言っています。それが自分だったということですよね。自分のことは置いておいて、他人のことばかり考えている。特にひといちばい敏感な人、たとえば、母親なら、子どもや旦那さんのことばかり考えて、いつの間にか自分を置きざりにしてしまっているということもあります。まず、**何よりも自分を大事にしていいんだよ**、ということだと思うんです。

BUMP OF CHICKENの歌に救われている人がたくさんいると思いますが、このバンド名、どういう意味か知っていますか？　チキンとは弱虫で、**「弱者の反撃」**という意味があるそうです。自分の弱さを知ったうえで、それをまた武器に戦うという、象徴的なバンド名だと思いますね。

第2章

夏のこころ

Dr.明橋のこころがほっとするラジオ
ON AIR

「忙しいときこそ、お互いが楽になれる方法を知っておきましょう」

言わないと動いてくれない夫に、私がパンクしてしまいそうです

頼まれたせんたくものたたんでおいたよ
わぁ!!とっても助かったよありがとう!!

悩み相談

フルタイムの仕事と、3人の子育てで、バタバタの毎日です。夫は優しいいし、言えば手伝ってくれるのですが、いわゆる指示待ちで、言わなければ気づいてくれません。ひとつずつ指示していたら、夫が鬱《うつ》のような状態になってしまいました。私から見れば「これぐらいのこと」と思うのですが、キャパオーバーなのか、アドバイスしただけでも、自分のことを否定されたと受け取ってしまうようです。私ひとりでは家庭が回らず、かといって、そんな夫にどうかかわったらよいのか、本当にわからなくなってしまいました。

子育ての悩みはよくありますが、夫についての悩みも、やはりとても多いですね。よく講演で、「年の離れた長男の子育て（夫への対応）が一番大変ですよね」と言うと、皆さん「ハハハ」って笑われます。まさにそんな感じだと思います。

お子さんが3人もおられて、夫の協力が不可欠なのに、頼めば頼むほどこちらが体力、精神力を消耗するなら、「あてにしない」という考え方も、私はひとつありかなと思っています。

ただ、それではやはり不満がたまりますし、お互いの夫婦関係にとっても、すれ違いの元になってしまうかもしれません。子どもが大きくなれば、いずれは夫婦ふたりの生活がやってくるわけです。それまでに恨みつらみがたまっていたら、「こんなはずじゃなかった」というようなことにもなりかねません。

せっかく一緒になったのに、そういうことでは寂しいし、では、どうすればいいかということだと思います。

「言われたら動いてくれる夫」に欠けていた一言って？

たしかに、言わなくてもやってくれたら最高ですが、少なくとも夫は言われたことはやってくれるのですよね。

逆に、言ってもやらない夫はたくさんいるわけですから、そこからすると、まだマシなほうではないかと思うんです。さらに優しいご主人ということですから、最悪というわけではないです。

ところが、ひとつずつ指示して頼んでいたら、鬱状態になってしまった。たしかに、能力以上のことを求められたことも私は関係していると思います。「これして、あれして！」みたいなことを言われ続けて、キャパオーバーになってしまったこともあるでしょう。

ただ、夫が鬱のようになってしまった理由に、もしかしたら言葉のかけ方で、ひとつ欠けていたものがあったのかもしれません。それは、やってくれたときに「ありがとう」と言葉をかけることです。

「やっぱり、あんたに頼んでよかったわ」「私にはとてもできなかった」など、本当は自分でできることでも、「助かった」ということを、演技でもいいから言ってみてはどうでしょうか？

「あれやって、これやって！」と言われたときは、カチンときていたとしても、「ありがとう」と言われたら、「やってよかったな」と思うんですよね。

そういうことがくり返されたら、私はむしろやる気も出てくるし、鬱などにはなりにくいんじゃないかと思います。

「ありがとう」が自然と出てくるふたつのポイント

結局、どうして奥さんが夫に「ありがとう」を言えないのかは、「このぐらいのことは、やって当たり前でしょ」という気持ちがあるからだと思います。

それだけ奥さんが孤軍奮闘されているわけだし、10やって当然だと思っているのに、1しかやってくれないと、「ありがとう」という気持ちにはならないと思うんです。

ただ見方を変えれば、1でも、できているわけじゃないですか、少なくともゼロではないわけです。

「何で1ぐらいでお礼を言わなきゃいけないの？」と思うかもしれませんが、「あ、り、が、と、う」とたった5文字、口を動かすだけです。

それだけで、夫の気持ちも変わるし、モチベーションも上がるし、やる気になって、もっとやってくれるようになるかもしれません。それは結果として、奥さんにも返ってきます。そうすれば、やがて楽になってくると思うんですよね。

人間って、叱られたことよりも、ほめられたことのほうが習慣づきます。「やってもらって助かった」と言われると、「じゃあもっとやろうか」となるわけです。

では、こちらがどう工夫するか、ということで話をしていきます。

本来ならば、奥さんだって、自分で気づいてやっているのですから、夫だって自分で気づいてやって当然だと思います。ただ、現実には、夫はなかなか自分で気づかず、言えば言ったで鬱になってしまう、ということなので、もし、自分ひとりでは家事すべてをこなすのは無理だということなら、夫がちょっとでもやってくれたときに、「ありがとう」と伝えていくことによって、きっと変わっていくんじゃないかと思うんですよね。

そのための見方を変えるポイントを、ふたつご紹介したいと思います。

1．相手への要求水準を下げる

やって当たり前だと思うと、やらないときに、「何でやらないの！」と腹が立ちます。この人はできないんだ、と要求水準を下げると、少しできただけで、「やってくれてありがとう」という気持ちになるかもしれません。

2．できていないところより、できているところを見ていく

「あれもやってくれない」「これもやってくれない」と見ていると思いますが、やってくれていることもあるわけですよね。

「**言われたことしかやらない**」というのは、「**言ったことはやってくれる**」という

ことでもあります。そのように見方を変えることでお互いの気持ちも変わってくるかもしれません。

今すでにやっていることがあるわけです。それを見つけて、「こういうことをやってくれてありがとう」と言葉をかけていく。すると、相手は「いや、このぐらい当然だろ」と言いながらも、まんざらでもないわけです。

このように声をかけていくと、今度は指示待ちではなく、自分からやろうというふうになってくると思うんです。

なぜかというと、ほめてもらえると思うからです。

やっぱり結婚したということは、よほど奥さんのことを愛しておられたからだと思います。その奥さんから「ありがとう」と言われたら、夫にとってこれほど嬉しいことはないんですね。それを使わない手はありません。

面と向かって言いづらいなら、ＬＩＮＥのスタンプや、メールの絵文字もあります。ハートマークがついているだけで、テンションが上がりますからね（笑）。

そういうことで、少し見方を変えてやってもらえたらどうかなと思います。

Dr.明橋のこころがほっとするラジオ
ON AIR

「発散できるのは、それだけ家が安心できる場所だということです」

学校で気をつかいすぎる分、親にはひどい八つ当たりをします

ハイハイ
うんうん
そうなんだね
嫌だ!!
無理!!

悩み相談

小5の娘は、人の態度や表情をとても敏感に感じ取るHSCです。学校では、かなり気をつかっている分、帰宅後は私（母親）への八つ当たりが続いています。最近は反抗期なのか、「転校したい」「学校を爆破したい」とまで言い出しました。中学受験がしたいと言って塾にも通っていますが、学校と塾と、宿題が複数あるとパニックになるようで、「もう無理！　嫌だ！」と、1、2時間、大騒ぎします。学校を休んでいいし、塾もやめていいよと言うと、「ママは自分が楽したいからやめさせたいんでしょ！　自分のことしか考えてない、ひどい親だ」と言われました。もっとポジティブに考えてほしいのですが、どうサポートしたらいいでしょうか。

小学5年生の、ＨＳＣ（ひといちばい敏感な子）の娘さんということですが、ＨＳＣは、学校なんかでは、先生や同級生の態度や表情をとても敏感に感じ取ります。その分、疲れがたまってしまうこともあります。「学校を爆破したい」などと言われると、ちょっとドキッとしますが、それだけ傷つくこと、嫌なことがたくさんあるんだと思いますね。

学校で気をつかってがんばっている分、家に帰ると本当に言葉づかいがひどい。反抗期ということもあって、親に歯向かってくるわけです。だいたい女の子のほうが、反抗期は早くきますよね。小学校5～6年ぐらいから反抗期に入っていく。男の子はわりと幼いというか、中学2、3年生になっても、「ママ～」と甘えてきたりします。もちろん、子どもによっても違いますけれども。

反抗期ですから、親としては一応フォローもするけれど、「ママは自分が楽したいからやめさせたいんでしょ！　自分のことしか考えてない、ひどい親だ」などと言われると、なんてことを言うんだ、可愛くないな、とカチンとくるのもわかります。

お母さんとしては、もっとポジティブに考えてほしいと話をしても、「もう無理！嫌だ！」と、1時間でも2時間でも大騒ぎするので、伝わっているかどうかわからない、どうすればいいのかという気持ちになるのも無理はありません。

言いたいことを言えるから、気持ちをリセットできる

私は結論からいうと、これはあるべき親子の姿というか、要するに、学校で他人に気をつかってがんばっているわけですよね。だから、学校の先生や友達からすれば、何の問題もないということになります。

一方で、そのように**がまんしているということは、どこかで吐き出さないと、やはり苦しくなってしまいます。**

もし、それを家で吐き出せなければ、たとえば最近の子どもたちは、放課後の児童クラブや学童保育の場で、小さな子をいじめたり、けんかしたりといった形でストレスを発散することもあります。

あるいは、そういうがまんをし続けて、腹痛などの心身症になってしまう、ストレスで髪の毛がごそっと抜けてしまう、という子もいます。

ところが、家でそれを吐き出していると、比較的そういったことにはなりません。

発散できるのは、やはりこの子にとって、家が安心できる場所だということで、それでバランスをとっているわけです。

言いたいことを言って、ボロクソに親のことを言って、かんしゃくを起こして当たりまくる。それで吐き出せるから、次の日にまた気持ちをリセットして動けるんじゃないかと思います。

ですから、お母さんは大変だと思いますが、**ちゃんといい親子関係を築いておられるということです。**

それによって子どもが家で吐き出せているのですから、それが私は何よりのサポートだと思うんですよね。

どのように娘をサポートしたらいいでしょうかとありますが、こういう子どもの八つ当たりを、「ハイハイ」と聞きながら、「受け流す」ということだと思います。

「ひどい親だ」は、「ママ大好きだよ」という意味

ところが、お母さんとしては、「自分のことしか考えてない、ひどい親だ」とまで言われると、カチンときますし、やっぱり自分はひどい親なのかと思ったりもしてしまいますよね。

ここは、言葉どおりに受け取る必要はまったくないと思います。

こういう場合、親御さんも敏感な人だったりすると、文字どおりに受け取ってしまって、お母さんが落ち込んでしまうことがあります。

たとえば、このお子さんは、とにかく肩が触れただけで因縁をつけてくるような、その筋の人みたいな状態なのです。

学校を休んでいいし、塾もやめていいよと言うと、「ママが楽したいからでしょ」と言い、じゃあ、学校へ行きなさい、塾にも行きなさいと言うと、「自分の苦しさを全然わかってくれない、なんてひどい親だ」と言うわけです。

だから、どっちの意見に対してもボロクソに言われるわけで、それは別にお母さんが悪いのでもなく、子どもが特別にわがままなわけでもありません。小学5年生にもなると、人間関係も大変だし、そんな中、娘さんもがんばってる、そして、お母さんもがんばってる、ということだと思います。

ですから、言葉をそんな文字どおり受け取らなくてもいいんです。

「ひどい親だ」というのは、「ママが大好きだよ」という意味なんです。

大好きな親だから気持ちを伝えることができるわけです。だから、「無理！」「嫌だ！」という言葉をいちいち訂正して、無理やりポジティブに変えようとしなくていいと思います。

「ハイハイ」と受け取ってもらえたら、子どもの中で、無理と言っていてもやるしかないと、いったんリセットして、切り替えてやっていくわけです。

こういう子でも、もう少し年齢が上がって高校生ぐらいになれば、かなり落ち着いてくると思います。

そのうち、今度は親が体調を崩したり、腰痛や膝痛になったりすると、そのときに手助けしてくれる子になります。そういう日が必ずきます。

今のかかわりは決して間違っていませんし、娘さんも一生懸命、気をつかう素晴らしい娘さんですから、心配ないと思います。

子どもの言うことをがまんして受け止めていたら、その見返りを、つい子どもに求めてしまいますが、この年頃では無理です。

では、誰がそういうお母さんに感謝するのか、「ありがとう」を言うのか、それは夫や実家の親など、周りの人たちです。

周りの人がもっと、「お母さんがんばってるね」「間違ってないよ」「ありがとう」と、しっかり支えていかないといけないと思いますね。

Dr.明橋のこころがほっとするラジオ

ON AIR

「親とは本来、自分が壁にぶつかったとき、信じてくれる、支えてくれる、見捨てない存在です」

80歳を過ぎてもひどいことを言ってくる母親。距離を置いたほうがいい？

ダメ!!
傷口に塩なんて塗らないで！
何でうちの孫は不登校なんだ!!
孫が喘息なのもあんたのせいだ!!
痛いよ〜ひどいよ…

悩み相談

今日、83歳の母親と大げんかをしました。

母は、若い頃キャバレーに勤めていたことを誇りに思っているような不思議な人です。話がうまいので、若いときはナンバーワンホステスだった（自称）と、いまだに自慢しています。うちの子どもは今、学校に行けていないのですが、そんな母親ですので、孫が学校に行けない不登校児であることが許せないようです。私が40歳過ぎに産んだ娘だからか、小さい頃から小児喘息で大変でした。そんなときも、「40歳を過ぎて産むからよ！」などと私を追い込みます。

こんなひどいことを言う母親とは、絶縁したほうがよいでしょうか？


今回は、母親と大げんかしてしまったという方ですが、大げんかできる83歳のおばあちゃんというのもすごいなと思います。

普通は声も出なくなって、けんかする元気もなくなってしまいますから、やはり戦前生まれはたくましいですね。

若いときはキャバレーで働いていて、お客さんから大人気だったことを誇りにされているそうですから、きっと話も上手で、美人な方だったんでしょう。

そういうおばあちゃんなので、学校に行かない孫が許せないということですが、じつは親でも不登校については理解しづらいものです。

まして、おじいちゃんおばあちゃんが不登校を理解するのは、なかなか大変です。昔はみんな学校に行きたかった時代ですから。

学校に行きたいのに、家の仕事があって行かせてもらえなかった。だから、学校に行くのはすごく嬉しいことだったんです。そういう時代からすれば、何で学校に行かないのかと思うのは、無理のないことです。

しかも、じいちゃんばあちゃんの集まりで、**だいたい話題に出てくるのが、孫自慢**です。孫がどこどこの高校に受かったとか、どんな仕事に就いたとか。ところが子どもが不登校になると、そういうことが言えなくなってしまいます。すると集まりには出づらくなって、じいちゃんばあちゃんが引きこもりになってしまうということは、結構あります。

そんなこともあって、おばあちゃんとしても、焦っているのかもしれません。

根拠のないことでも、親の一言はダメージが大きい

「40歳を過ぎて産んだ娘なので、小さい頃から小児喘息で大変だった」ということですが、不登校になったのも、そのせいかのように責めてくるんですよね。

これは、どんな根拠があって言っているのでしょうか。

40歳過ぎて産んでも、健康に育っているお子さんはたくさんいますし、それがすべての原因ではないはずです。ただでさえ母親の責任を重く感じ、自分を責めているのに、それをさらに責められると、傷口に塩を塗り込まれるようなことになります。

まずは、このおばあちゃんが言われていることはまったく根拠がないし、孫だって、サボって行かないのではなく、いろんなつらい思いがあって行けないわけです。そんな**孫を受け入れてくれる**のが、おじいちゃんおばあちゃんだと思います。

親はついつい焦りますから、ガンガン言ってしまう。

そういうときに、じいちゃんばあちゃんのところに行って、そのままの自分を受け止めてもらって元気になった、という話はたくさんあります。

ですから、本来はそういう役割を果たしてくれるといいんですけどね。

ところが、まだまだ元気なおばあちゃんなので、やはりそういうことが許せないのかなと思います。「そんなおばあちゃんのことなんて気にしなくていいじゃないか。聞き流せばいいじゃないか」と言う人もいますが、やはり親はいくつになっても親なんですよね。だから親の一言でズシーンと落ち込んだり、悩んだりするんだと思います。

ましてや、こういうダメ出しばかりされると、落ち込むし、子どもにも、とばっちりが行ってしまうことがあります。「あんたがしっかりしないから、おばあちゃんが私のことを叱るのよ」とかね。

そんなことになっては、子どももつらいと思います。

「あなたのため」というなら、責めないはず

ですから、そうなるぐらいなら、**絶縁するというか、距離を置く、メールも電話も一切しない、ということがあってもいい**んじゃないかなと思います。

おそらくこのおばあちゃんは、「あなたのためを思って言ってるのよ」とか、「孫のためを思って言ってるのよ」と言われると思います。

たしかにそれは間違ってはいないと思いますが、じゃあ、孫や娘がどうしたら幸せになれるかといったら、それは学校に行く行かない、勉強できるできないではなく、どんな場合でも、**自分は大切な存在だと思えること**なんです。

人間が幸せに過ごせるかどうかは、自分は大切な存在だ、生きていく意味がある、と思えるかどうかによって決まります。

だから、孫やその母親に幸せになってもらいたいと思うなら、まずは、おばあちゃんが、孫やその母親が自分自身のことを大切な存在だと思えるようなかかわりをしなければなりません。そうでないと、「あなたのためを思っている」とは言えません。

それがわかれば、不登校を責めるのではなく、孫には「つらいことがあったんだよね」「学校がすべてじゃないよ」「必ず元気になれるから大丈夫だよ」という言葉をかけるはずです。

「あんたはいいところがいっぱいあるから、いくらでもそういう才能を発揮するときが来るし、心配ないよ」と言ってくれるはずです。

母親であるご相談いただいた方に対しては、「育て方のせいじゃないよ」「繊細なところがあって、学校という環境が合わないんだよ。あんたの子だから大丈夫」「つらいことがあったら、いつでも聞くから電話してきなさい」とおばあちゃんが言うのが、**人を幸せにする**ということだと思うんです。

いろんな現実や壁にぶち当たることはありますが、やはり家族の役割というのは、そういうときに自分を信じてくれる、自分を支えてくれる、自分を見捨てない、と思えることだと思います。そういう役まわりがおばあちゃんであると気づいてくれるまで、距離を置くのも、仕方ないことかもしれません。

今回のご相談では、むしろおばあちゃんより、お母さんが娘さんを理解して支えてくださっているようですから、それはそれで素晴らしいことだと思います。

自分は大切な存在だと思い合える家族、人を幸せにする家族とは、どういうものなのか、よく皆で話し合えれば、いいなと思います。

Dr.明橋のこころがほっとするラジオ
ON AIR

「嫉妬やヤキモチは、人間の素直な気持ち。まずは自覚するところから」

他人の幸せを
ねたましく
思ってしまう
自分が嫌になります

あなたにも
いいところたくさん
あるよ!!
あの人のほうが
かわいいし
幸せそう…
丸くて
かわいい!!

悩み相談

他人をねたましく思ってしまう自分に嫌気がさします。フェイスブックやインスタで、自分にはできないようなことを披露していたり、周りの人から褒められたりしているのを見ると、それだけで落ちこんできて、自分がつまらない人間に思えてきます。どうせよく見せているだけだろう、どこかで失敗すればいいのに、とまで思いながらも、延々と見てしまいます。人は人、自分は自分と割り切るためにはどうしたらよいでしょうか？

フェイスブックは、ほとんどの場合、自分の自慢、こんなことができましたよ、素敵なことがありましたよ、ということを紹介するものですよね。

たとえば、「可愛らしいキャラ弁を作りました」などと披露する。そうすると作っていない人は、「コンチクショウ」と思ってしまうわけです（笑）。

今はフェイスブックでタグづけされても、本人が承認しなかったら周りから見られないですが、以前はタグづけされたら、そのままタイムラインに載って、不特定多数に見られてしまう、ということがありました。

私はいろんな団体にかかわっているため、会合兼飲み会が多いんですが、その乾杯場面をみんな写真に撮るので、それがタイムラインにあげられると、人から見れば、「ほとんど飲み会ばっかりじゃないか」と言われることになってしまいます。

決してそういうわけではないのですが、患者さんなんかが、それを見たりすると、「あの医者は忙しい忙しいと言いながら、遊んでばっかりいる」ということになって、これは仕事に悪影響だからやめてくれと、途中から頼んでいます。

心配なのは自覚せずに行動している場合

フェイスブックを見て、幸せになる人と不幸になる人と、どちらが多いか調査されたことがあります。どちらが多いと思いますか?

じつは、不幸になっている人のほうが多いそうです。

だから、便利になっているようで、逆に不幸のタネを作っている。やはりこれも、他人の幸せを見てうらやましいと思ったり、ヤキモチをやいたりする気持ちから起きてくることだと思います。

ただ、精神医学的にいうと、そういう**嫉妬や、ヤキモチをやくことは、人間の素直な気持ち**であって、それをちゃんと自覚していることは、まだいいほうだといわれています。その自覚なしで、行動している場合が心配です。

子どもなんか特にそうですね。

たとえば虐待を受けたり、親から叱られてばかりいる子が、学校で障がいのある子どもなどを、わざといじめたりすることがあります。これはどうしてだと思いますか?

そういう子は、親が送り迎えをしていたり、先生が車椅子で押していたりなど、いろいろと構ってもらっているように見えるからです。

虐待を受けている子からすると、自分はこれだけやっているのに誰も褒めてくれない、だけどあいつは何もしないのに、あんなに大事にしてもらっている、許せん！となるわけです。そういう嫉妬の気持ちでいじめが起きることがあります。

決して障がいのある子が優遇されているわけではなく、その子もいろいろとつらい思いをしている。だけど、みんなより幸せそうに見えて、いじめてしまうわけです。

では、いじめる子は、そういう嫉妬の気持ちを自覚しているかというと、たいていは自覚していません。

自覚していないから行動に出してしまう。だからこれに限らず、嫉妬や怒り、あるいは悲しみなど、**自分の感情を自分で自覚するのは、とても大事なこと**なのです。

そして、その気持ちをどこかで誰かに聞いてもらう、安全な人に打ち明ける、すると、逆に意地悪をしたりしなくてすむんですよね。

はけ口がないから、行動に出るわけで、逆にそれを**言葉にして吐き出して、誰か**

に受け止めてもらえば、それだけで、気持ちが楽になることがあるのではないかと思います。

相手のいいところばかりと比べない

あとはヤキモチをやいたり、うらやましくなったりするのは、その人よりも、自分が劣っていると思うからです。

その人のほうが、自分よりも幸せだと思うから、苦しくなるんですよね。

そういう人って、**意外と自分の幸せに気づいていない**ことがあります。

もちろん、つらいこともあるけれど、幸せなこと、嬉しいことも、全然ないかといったら、決してそうではないと思います。

ところが、そういうことが見えずに、自分はつらいことばかり、他人は幸せばかりだと考えてしまう。

よく「隣の芝生は青い」といいますが、他人を見たときは、いいものしか見えないんですよね。それで自分を見るときは、悪いところしか見えない。だけど相手からすると、「あなたは、こういういいところがあるじゃないか」「あなただって、こういう幸せなところがあるよね」と見えています。

それを言われて初めて、そうだったと気づくこともあります。

ですから、自分は不幸だ不幸だと思うときもありますが、本当に不幸なのか、全然嬉しいことがないか探してみると、意外と見つかったりするものです。

自分にだっていいところがある。**欠点ばかりと思うかもしれないけれど、結構、がんばっているところ、優れているところ、得意なところがある**と思うんですよね。そういうところを見るようにしていく。

幸せそうだなと思える人でも、誰も人前で「私は不幸だ不幸だ」とは言わないわけです。だからみんな、ある意味いい格好をして、幸せそうにしているけれど、じつはその陰でつらいことがあると思うんですよね。

そうやって、目に見えるものの裏にある背景や、事情を想像してみると、自分ばかりが不幸だとか、あの人ばかりが幸せだとか、そんなふうに思わなくてもすむんじゃないかと思います。

よくよく考えてみたら、**不幸ばかりという人もいないし、幸せばかりの人もいないと思うんです。**「禍福はあざなえる縄の如し」ともいいます。

あとはやはり、そういう気持ちを安心できる人に聞いてもらうことです。

「あなただって、いいところがたくさんあるよ」「あなただって、幸せなところをもってるよ」などと言ってもらうと、楽になるかもしれませんね。

Dr.明橋のこころがほっとするラジオ
ON AIR

「愛情を注げなくて苦しいのは、愛情以外の何ものでもありません」

下に弟が生まれてから、長女を可愛く思えなくてつらいです

子どものお世話ができていれば
十分な愛情だよ
上の子に愛情を注げなくてつらい…

悩み相談

長女を可愛く思えなくてつらいです。

それまではずっと可愛いと思っていたのに、下に長男が生まれてしばらくしてから、長女のやることなすことに、イラッとしてしまうようになりました。甘えて「抱っこ～」と来られても、できません。怒鳴ってばかりです。自分が育てるより、他の人にお願いしたほうがいいのではないかとさえ悩んでいます。大好き、可愛いという気持ちを、またもつにはどうしたらいいのでしょうか？　長男のことはすぐに褒められるし、可愛いと思えるのに、本当につらいです。お願いします。


じつはこういう質問は、すごく多いです。特に上の子が女の子で、下の子が男の子の場合によくあります。

子どもにもそれぞれ性格がありますし、親も親で性格があるわけで、相性というのは、どうしてもあるんですね。

母親なら平等に愛情をかけて当然、と思われていますが、親も人間だから、合う合わないはあるし、素直に愛せることもあれば、なかなかうまく愛情を注げないこともあります。

私が思うに、やはり合う合わないはあるけれど、とりあえず、ちゃんとご飯を作ったり、洗濯したりはされているわけですよね。

このお母さんも、可愛いと思えなくても、ちゃんとご飯は作っているし、洗濯もしている、必要な世話はされていると思うんです。

それが愛情です。**一言で愛情といってもいろんな形があって、必要な世話をするというのも、愛情**なんですよね。

また、この親御さんは、可愛いと思えないことに悩んで、苦しいとおっしゃっています。

何で苦しいのかというと、これじゃいけないと思うからですよね。愛情を注がなきゃと思うからこそ、苦しむわけで、それだけ上のお子さんに心をかけているわけで、これは愛情以外のなにものでもないと思います。

ですから、なかなか愛情を注げないと言われていますが、じつはちゃんと注いでおられると、私は思うんですよね。

大切なのは、ご飯を作ったり、洗濯をしたり、寝床を与えたり、とりあえずは必要な世話、衣食住の用意をやっていくことじゃないかなと思います。

そんなことは当たり前だと思われるかもしれませんが、私は児童相談所なんかで、その当たり前のことでさえも、してもらえなかった子どもをたくさん見ています。ご飯も与えてもらえない、寝床も与えてもらえない、冷たい床の上で、布団も敷かずに転がされている。

あるいは、寒空の中、家の外へ追い出されて、中から鍵をかけられて家の中に入れてもらえない、そういう子を見ているわけですよね。

そこからすると、このように世話をしているということは、愛情の証なんじゃないかと思うんです。

自分が子どもの頃、甘えずにがまんしてきたのかも

また、「抱っこ」と甘えてこられても、受け入れられないと言われています。

それはもしかしたら、親御さん自身が、たとえば自分は長女として親に甘えることができなかった、背伸びしてがまんして育ってきた、というご経験があるのかもしれません。

そのように甘えをがまんして生きてくると、甘えている人を見ると腹が立ってくるんです。ここにあるのは**嫉妬**です。要するに、「自分はこんなに甘える気持ちをがまんしてきたのに、あなたは何でこんなに平気で他人に甘えることができるの？もっとがまんしなさい！」という気持ちです。それがどこか無意識にあると、よけいにイラッとしたりすることがあるんですよね。

特に長女は同性ですから、親子というより、女同士のバトルみたいになることも

あります。

しかも上の子が口達者で、ズバッと、「お母さんだってこうじゃないの！」などと言ったりすると、それでよけいにカチンときて、「あんたは！」と、まともにやり合ってしまう、ということもあります。

だけど、子どもは本当は甘えたいんです。

自分は甘えをがまんしてきた、だからあなたもがまんしなさいではなく、あなたも甘えたいんだね、お母さんも本当は甘えたかったけど、なかなかそれを許してもらえなかった、そういうふうに思われたらいいんじゃないかと思います。

その場合、やはり**お母さん自身が、甘えられる相手を見つける必要があります。**

それが夫であれば一番いいですが、夫に限ってまったく当てにならないということがよくあります。かといって、実家の親にも甘えられないときは、たとえば保育園の園長先生や、子育て支援センターの相談員、ファミリーサポートのおばちゃんたちなど、自分のことを褒めてくれる人、受け入れてくれる人、甘えられる人が必ずひとりはいると思うので、そういう人を見つけて頼ってみることです。

そうすることによって、親御さんも余裕が出て、子どもの甘えを受け入れられるようになるかもしれません。これは結構、根が深いことなので、身近な専門の相談機関に行ってみるのもいいと思います。

子どもは親が大好きです

ただ、ここで「自分が育てるより、他の人にお願いしたほうがいいのではないかとさえ悩んでいます」と言われています。もちろん里親などもありますが、そういう子どもたちを見ていてやっぱり思うのは、**子どもは、実の親のことが大好き**なんですよね。

どんなに怒鳴られても、子どもは親が大好きなんです。だから、ここで相談されているような状況であれば、決して他の人に育ててもらうほうがいいということはないと思います。やはり、子どものことを愛しているからこそ、こういう相談もしてこられるのだと思います。この方の子育ては、決して間違っていないと私は思いますね。

やがて子どもたちが、もう少し大きくなってくると、長男も今は可愛いけど、中学生ぐらいになってくると、「うざい」とか、「消えろババア」などと言ってきたりするわけです。

そういうときに、お姉ちゃんが家事を手伝ってくれたり、お母さんが夜遅くなったときにご飯を作ってくれたりして、この子を産んでよかったと思うときが必ず来ます。

時間が経てば、きっと状況も変わってきますから、今は必要な世話をしてゆかれたらいいんじゃないかなと思います。

今日の1曲～A tune for today

「道」(GReeeeN)

――作詞・HIDE――

誰かの期待に応えるための人生じゃない

今日は、GReeeeNの「道」をとおして、お話ししたいと思います。

がんばっているんだけど思いどおりにはいかなくて、子どもの頃の夢をあきらめてしまった、そういうことってありますよね。だけど、この曲には、**〝大丈夫！　君が主役さ〟**という歌詞があります。

どんなにつらい日々でも、その心の中にある夢や、自分の気持ちは大切にしていいいんだよ、誰から笑われようが、自分の夢をあきらめる必要はないんだよ、そういうことを言っていると思うんですよね。

ふり返ってみたら、もっといい人生があったんじゃないか。

あのときは失敗した、このときも失敗した、何か取り返しのつかないことをしたような気持ちもあるんですけれど、そういう自分があったからこそ、今の自分がいると思うんです。

だから、**どんなことがあったとしても、それには意味がある。**どんなにネガティブなつらいことがあっても、やっぱりそこには絶対に意味があるし、それを生かすか殺すかは、今後の生き方が決めていくんじゃないかと思っています。

罪悪感とか、自分を責める気持ちとか、それで動けなくなっていることもあるかもしれません。だけど、そういう足かせは、もう外していいと思うんです。

自分の人生の主人公は、自分なんですよね。

これってすごく当たり前のことですが、そうなっていないことが、結構あると思います。他人のための人生。他人のストレスのはけ口になって、自分がいつも受け止めてばかりいる。

あるいは、他人の期待に応えるための人生、他人の願いを満たしてあげるための人生、そういうことってあるんですよね。子どもの場合、児童虐待といわれます。虐待は、英語でアビューズといいますが、アビューズとは「乱用する」ということです。

子どもを乱用する。

つまり、子どもを大人の都合でストレスのはけ口にしたり、搾取したり、利用したりすることなんですね。そんなふうに、自分が人生の主人公になれていない、人に搾取される人生、利用される人生になってしまってはいないかということです。

自分の人生の主役は自分です。他人にそんなに大きな迷惑をかけない限りは、自分の生きたい人生を生きていいと思うんです。

今日の1曲 〜 A tune for today

「黒い羊」（欅坂46）

——作詞・秋元康——

自分にウソをついてまで他人に合わせる？

欅坂《けやきざか》46の歌は、ちょっとダークで攻撃的、思春期のとげとげしたような部分を大事にしているところがありますよね。

だから、歌詞も少し哲学的です。

この「黒い羊」は典型的な、ある意味、欅坂らしい歌詞だと思います。

もともと羊といえば白ですよね。その中で、黒い羊というのは少数派、「ブラック・シープ」ともいわれ、厄介者、のけ者の代名詞として使われています。

歌詞でも、クラスや仲間の間で、どうしても浮いてしまっている人、いじめられている人と重ね合わせて歌っています。

私はこの歌詞を読んで、何がテーマなのかを考えてみたんですが、もちろん、のけ者にされたり、厄介者扱いされたりした者の怒りみたいなものもあると思います。

だけど、最後まで読むと、これはむしろ「黒い羊であることを恐れるな」「孤立を恐れるな」という、かなり強いメッセージだと思いました。

歌詞の中に、〝言いたいことを言い合って解決しようなんて楽天的すぎるよ〟というのがあります。

放課後の教室で話し合っている場面ですが、ここを読んで私は、いじめた人といじめられた人を先生が無理やり会わせて、「話し合いをしようじゃないか」と言っている場面を思い出しました。お互いがポツポツとしゃべって、話し合いになんてなっていないのに、先生だけが解決したように、「ほら、これで仲直りだ」と言う。

だけど、本当は全然解決になってない、そんなことはよくありますよね。それを解決したふりをして、白い羊になんてならなくてもいい。だったら自分は黒い羊のままでいい。それで何が悪いのか、誰に迷惑をかけるのかという、開き直りのようなところがあると思います。

普通、みんなからのけ者にされたり、無視されたりすると、自分が悪いんじゃないか、やっぱり自分がおかしいんじゃないかと思ってしまいます。すべての自信を失ってしまうこともあります。

だけど、そんなことは思わなくていい。おかしいのは無視するほうであって、こちらは全然おかしくないんだ、自分に正直でいいんだ、それならあえて、真っ白な群れで悪目立ちしよう、孤立を受け入れよう、という歌詞なんだと思いますね。

もちろん、いじめられたり、無視されたりするのは苦しいことですが、**一番苦しいのは、そういうふうにされている自分を否定してしまうこと**です。

やっぱり自分はおかしいんじゃないか、みんなが右だと言っているのに、自分だけが左だと思うのはおかしい、変なんじゃないか。そう思ってしまうのが、本当は一番苦しいことだと思います。

だからこそ、私たちが支援の場で伝えるのは、あなたはちっとも悪くないよ、いじわるしたり悪口を言ったりしてくる人のほうがおかしいんだよ、ということです。それだけで、ちょっとホッとしたり、元気が出たりということがあると思うんです。

もちろん、友達や仲間がいれば、それに越したことはありませんが、だけど自分を殺してまで、一緒にいなきゃいけないか、自分にウソをついてまで、相手に合わせなきゃならないかとなると、そんな必要はないと思います。

間違った人に迎合するぐらいなら、ひとりでいいんだ、そんな自分をまた受け入れてくれる人がきっと見つかるはず。そういうことを歌っていると思いますね。

第3章 秋のこころ

Dr.明橋のこころがほっとするラジオ
ON AIR

「イライラしてしまう原因は何か。意外と自分でわかっていないことがあります」

怒りをコントロールする方法はありますか

気分をかえる方法を見つけよう
プリンたべる？
たべる
イラ
イラ

悩み相談1

ちょっとしたことでイライラしてしまいます。自分自身で怒りをコントロールするために、できることがあれば教えてください。そうなれば、仕事も子育ても少しは楽になると思うのですが……。

悩み相談2

出産してから心身に余裕がないのか、イライラしがちで、主人にも言葉がきつくなってしまう自分がとても悲しくなります。子育ても大事ですが、自分自身の優しい心を育みたいです。何かアドバイスをお願いします。

私のところに相談に来る人の中にも、「ちょっとしたことでイライラしてしまう」「カッときてしまう」という悩みは結構あります。

子育てでも、会社でもそうですが、やはり夫婦関係でイライラすることが多いですよね。私も怒られる立場としてよくわかります（笑）。

草食動物タイプ？　肉食動物タイプ？

どうしたらイライラしないですみますか？ということですが、まずイライラする背景には、体調が関係していることが多いです。寝不足だとか、お腹が減っているとか。

ちなみにお腹が減ると、イライラする人と、眠くなる人がいますが、皆さんはどちらですか？

眠くなる人は、草食動物タイプだと思っています。草食動物は、冬になって食べ物がなくなると冬眠しますので。

イライラする人は、肉食動物タイプだと思います。ライオンなど肉食の動物は、お腹が空くと狩りに出るため、攻撃的になります。

だから、お腹が空くとイライラするか、眠くなるかで、その人が肉食動物タイプか草食動物タイプか、判断できるということです。もちろんこれは、半分冗談ですけどね。

だけど、そういう体調が関係していることは多いと思います。

あとは、痛みがあるとき。私は口内炎にときどきなるのですが、それが3つも4つもできたときは、それだけでイライラしますね。

また、女性ですと生理前。これは男性には想像できないのですが、穏やかに話しているつもりなのに、すごくイライラと噛みついてこられたり、いつもと違うと感じたりするときがあります。

それが生理が始まった途端、スーッと落ち着いてくる。

だから、体調が悪いのは仕方のないことですが、どこかで自覚することは大切です。「今日は寝不足だからイライラしやすいぞ」とか、「お腹が空いてイライラするかもしれないから、早めにご飯を食べよう」。あるいは、「生理前だからあまり近づかないで」とかね。

やはりそういった体調を自覚するというのは必要で、特に睡眠は大事じゃないかと思います。

まずは、**体調をコントロールする**ことだと思います。

場面を切り替える方法を考えておく

次に、**自分自身で怒りをコントロールする**ことです。

私は、おおらかなほうというか、そんなに短気ではないと思っているのですが、こういう仕事をしていると、中には、人の気持ちを逆なでするのが上手な人に出会います。ピンポイントで、これは言われたくないということを突いてこられます。

たとえば、患者さんの中で、「精神医学って、一番医学の中で進歩していないいんですよね」などと言ってこられたりします。

たしかにそうかもしれない。他の内科や外科は進歩しているのに、精神科は50年前の薬を使っていたりします。

だけどそれは、おまえは全然治せないじゃないか、と言われたみたいな気がしてカチンとくるわけです。一番言われたくないことをズバッと言われると、やはりピキッとなるんですよね。

そういうことを、「いや、そんなことはない」と返しても、ケンカになるだけですし、患者さんとしては、何か揚げ足を取ろうとしているのではなく、**自分が苦しいから、その怒りをこちらに向けてきているだけ**だと思います。それをまともに受け取ってしまうと、本当にエスカレートして、怒鳴り合いになって、「出て行けー！」ということにもなりかねません。

だからそういうときは、水を一杯飲むとか、ちょっと席を外すとか、リセットするために少し場面を変えると、気持ちが変わることもあります。

お家なら、「ちょっとトイレに行ってくる」と言って、トイレに座って深呼吸をする。あるいは、「空気が悪いから、入れ替えてくるわ」などと言って、窓を開けて外の空気を吸う、という方法もあります。

子どもが赤ちゃんでなければ、少し外に行って散歩したり、車で10分ほどドライブしたりするのもありだと思います。

そういうふうに、ちょっと場面を切り替えてみると、それだけでリセットされることがあります。

深呼吸して、「何でこんなに怒ってるんだろう」「こんなことで怒っても仕方ない」と考え直してみると、少し冷静に聞けたりするわけですよね。

ですから、**イライラしたときは、まともに向き合わない**、少しシチュエーションを変えてみることがいいんじゃないかと思います。

重要な人だからこそ、腹が立つ

質問されている中に、「主人にも言葉がきつくなってしまう」とありますが、人間というのは、相手が**自分にとって重要な人だから腹が立つ**ということがあります。自分にとってどうでもいい人に腹が立つことは、そんなにないですよね。

まったく縁もゆかりもない人が、ぶつくさ言っていても、全然腹は立たない。つまり、腹が立つのは、その人が自分にとって重要な人だからです。

それは子どもだったり、夫だったり、だから、私はよく言うんですが、子どもにイライラしてしまうのは、それだけ子どものことを思っているから、それだけ子育てをがんばっているからです。

夫にイライラしてしまうのは、それだけどこかで頼りにしているからなんですよね。あきらめてしまったら、腹も立ちません。それは末期的な状態で、最近怒られなくなったなぁという旦那さんたちがいたら気をつけてください（笑）。**大事な人だからこそ、腹が立つ**んですよね。

この方はさらに、「自分自身の優しい心を育みたいです」とも言われています。大切な人にきつい言葉を投げかけてしまって、自分でもとても悲しくなるとのことですが、自分をふり返って悲しくなるのは、それこそが、私は優しい気持ちだと思うんです。イライラする一方で、ちゃんと優しい心をもっておられるということです。

それがついついイライラしてしまうのは、やはり疲れていたり、ひとりで全部抱え込んでいたりすることからなので、あえて**周りに助けを求めて、周りの力を借りながら、やっていかれたらいい**のではないかと思います。

夫に「何でやってくれないの！」と言えば、相手も不機嫌になりますが、やるべきことを具体的に言って、やってくれたら「ありがとう」と伝えていけば、お互いに楽になると思います。

「何でそんなこともわかってくれないの？」と言いたくなりますが、男性にはわからないんです。わざと無視しているのではなく、本当にわからないのです。

夫としては、「そんなことなら、言ってくれたらよかったのに」とよく言いますが、それは本当なんですね。

ですから、言葉にして「これとこれをやってね」と言って、やってくれたら「ありがとう」と伝えていく。

そうすれば、お互いに楽になるんじゃないかと思います。「夫も疲れているだろう」とへたに遠慮してしまうと、がまんして、それがイライラになって爆発してしまいます。

そうなるよりは、遠慮しないで「お願いね」と言っていけばいいと思います。

もちろん、男性も妻をイライラさせた失敗から学ぶ、痛い思いから察知する努力が必要なんですけどね。

Dr.明橋のこころがほっとするラジ
ON AIR

「悪口は、言った人に必ず返ってくるものです」

休み時間になると、悪口や陰口ばかりの職場が嫌でたまりません

悪口
悪口

悪口を言う人とは距離を置こう
にげろ〜

悩み相談

最近、人の悪口に嫌気がさしています。

誰かをやり玉にあげて悪口を言って楽しむ人と、聞いているだけで気分が悪くなる人とに分かれますよね。そんなに誰かをバカにして生きている意味なんて私には理解できないし、理解したくもありません。

私自身、たいした人間でもないし、自信もないし、悪いこともしますが、毎日毎日、そんな悪口や陰口に時間を使っている人たちばかりの職場に入ってしまい、本当に嫌でどうしようもありません。


こういう悩みは、私もたまに聞きますね。

休み時間や昼ご飯の時間、休憩室なんかで、ずーっと休み時間いっぱい使って他人の悪口を言い続けている人。

ひとり終わったと思ったら、また別の人の悪口を言い始める。そういう人はいると思います。私も、他人の悪口は言わないほうだと思いますし、あまり聞いていて気持ちがいいものではないというのは、よくわかる気がします。

ただ、やはり人の中には、こういうことを言いたくて言いたくてたまらない人もいるわけです。何というか、暇つぶしということもあると思いますし、もしかしたら、**人を見下すことで、自分が優位に立ちたい**のかもしれません。

自分に自信がない人は、他人を蹴落として自分が優位に立とうとします。

だから、こういう他人の悪口ばかり言っている人は、本当は自信がないとか、コンプレックスを抱えている人が多いです。

他人を黙らせることはできないので、自衛手段を

ただ、悪口を聞いているのはすごく嫌だと思いますし、私はこの相談された方

が、「悪口を言うのが理解できない、自分はそんなことをしたくない」と思うのは、本当に素晴らしいことだと思います。そうあるべきなんですよね。

この方の気持ちはよくわかるし、とにかく嫌で嫌で仕方がない中、よく耐えて仕事をしておられるなと思います。

対処法としては、ひどい場合は、上司に注意してもらうというやり方も、ひとつあると思います。

ただ、注意してもらったとしても、そのときはやめるかもしれませんが、おそらく存在そのものが悪口でできているというか（ひどい言い方ですが）、しばらくはやめても、また同じことになると思うんですよね。だから、そういう人がいる職場は、なかなか環境が変わらないと思います。

そうなると、これはもう自衛手段をとるしかありません。

できることなら一緒の休憩室には入らない。悪口が始まったら、場所を変える。あるいは、机が隣だったりすれば、上司に言って自分の机を変えてもらうとかね。そういうことができるようなら、やってもいいと思います。

基本的に、その人たちを黙らせることはできません。でも自分の仕事の場所を変えたいというなら、上司も配慮してくれるかもしれません。

そういうふうに、ちょっと距離をとるしかないと思います。

なかなかできないかもしれませんが、いろいろと工夫をし、相談できる人に相談したりしながら、何らかの形で距離をとっていくことが大切です。

つらいと思いますが、**他人の悪口というのは、結局、悪口を言った人に返ってくる**と私は思っています。

悪口ばかり言っていたら、自分も悪口を言われるし、逆に他人のことを褒めていたら、それが相手の耳に入って、「あの人、なんかとっつきにくいと思っていたけど、結構いい人だったんだな」と思ってもらえるなど、必ず回り回って自分に返ってきます。

ですから、**悪口は、言う人自身が損をする**のです。

ただ、週刊誌などでも、ある意味、他人の悪口ばかりです。それだけ人は、他人の悪口が好きな動物なのかもしれません。

だけど、そんな中でも他人のいいところ、会社でも、家族でもそうだと思います が、**お互いのいいところを見つけていけたらいいな**と思いますね。

Dr.明橋のこころがほっとするラジオ
ON AIR

「相手に合わせることと、自分の軸までブレてしまうこととは違います」

ママ友にふり回されない、上手なつき合い方は？

あなたはあなた
自分の軸
自分が大切にしていることは曲げなくていいよ

悩み相談

ママ友とのつき合い方で悩んでいます。
先日、おもちゃの取り合いで、2歳の娘が友達を押して泣かせてしまいました。相手の子には「大丈夫？　押されて痛かったね。ごめんね」と何度も言いましたが、うちの子には、「ほしかったの？　でも押すのはダメだよ。痛いし危ないから、ちゃんと口で言おうね」とだけ言い、強くは怒りませんでした。ところが、その友達のお母さんからは、「何でもっと怒らないのかな、謝りに来ないのかなって思った」と言われました。そのママ友のために、子どもに怒るのは違うと思いますが、そうしないと仲間はずれにされるんじゃないかと、自分の学生時代のこともよみがえって悩んでしまいます。

子育てで悩むことも多いですが、それと同じぐらい、ママ友とのつき合いで悩むことは多いですよね。以前、公園デビューという言葉がありましたが、子どもが少し大きくなってくると、公園に出かけるようになったり、幼稚園に入ったりして、ママ友とのつき合いが始まります。

そこにボスみたいな人がいると、結局、中学時代のいじめの再現みたいなことになって、それで神経をすり減らしたりするようなこともありますよね。

子ども同士のけんかの話だと思いますが、まだ小さなお子さんなら、相手に譲ったり配慮したりするような友達づき合いは難しいです。

ですから、私は**このお母さんの対応は決して間違っていない**と思います。

友達を押して泣かせてしまった。それで相手の子には、お母さんから謝り、自分の子には、「押すのはよくないよ、ちゃんと口で言おうね」と伝えているということですよね。

私は別に、感情むき出しにして怒らなくても、いけないことはいけないと伝えておられるわけだから、それで十分だと思います。何も大声を出す必要はありません。

ところがママ友からは、何でもっと怒らないのか、謝りに来ないのかということですが、このお母さんは謝っているので、子どもに謝らせてほしいということですかね。あるいは自分に、「お子さんに痛い思いさせてしまってごめんね」と謝ってほしいのかと思います。

どちらにしても、痛い思いをした子どもには謝っているわけですから、私は、これはこれでいいんじゃないかと思いますね。

もちろん、ママ友にも謝ったら、それも丁寧かもしれませんが。

意見として耳を傾けつつ、「自分は自分」と境界線を引く

さらにいえば、子どもに謝らせようとしても、2歳の子は、まだいけないことをしたということが理解できていないと思います。それを強制しても、お母さんが腹を立てていることだけはわかるけど、その意味はわからないんじゃないかと思うん

ですよね。

だから、私はやはりお母さんのされた対応は間違っていないし、別にそれ以上、怒る必要はないと思います。

だけど、そのママ友は、ガーッと怒る人なんでしょうね。それが正しいと思っておられるわけです。

そもそも「怒る」ことは子どものためであって、親に対して大人が怒ってくるのは、おかしな話ですよね。

さらに、そうしないとこのお母さんやお子さんが、公園で仲間はずれにされるんじゃないかと、ママ友のご機嫌をとるために、子どもに本来すべきではないことをするのも、おかしな話ですよね。

私は、お母さんがされたことは間違っていないと思いますが、ただ、いろいろな人とつき合いをしていると、考えている基準が違ってそんなふうに言ってくるママ友もいるわけです。その場合は、「言葉足らずでごめんね」などと言ってもいいかもしれません。

だけど、子どもに大声で怒ったりしなかったというのは、別に間違ったことじゃないと思います。

ですから、一応、他人の意見は意見として受け止めて、「そういう考えなんだな」と聞きつつも、「自分は自分」と、自分が子育てについて勉強しながらやっていることは、大事にしていったらいいんじゃないかなと思います。

それが、**境界線を引く**ということです。

表面上、相手に合わせることはあってもいいと思いますが、だからといって、自分の大事にしている方針まで変える必要はないと思います。そこまでふり回されていたら、**自分の軸**までぶれてしまいますから。

それなら別にその人と友達でなくてもいいんじゃないかというのは、無理な話ですかね。

Dr.明橋のこころがほっとするラジオ
ON AIR

「人間として大切なことを親子で対話するきっかけに」

何のために生きてるんだろう？と聞かれて困ってしまいました

生きることを考えるのはとても大事なんだよ
生きる意味を問われると少し不安になる…

悩み相談

5歳の娘が、「どうして生きているんだろう。死んじゃえばどうせおしまいなのに」と寝る前につぶやいたことがあります。

「そっかぁ、そう思うんだ。毎日大変?」と私が返すと、「うん」と答え、その話題はそれで終わりました。娘は幼稚園に行きたくないなどとは言わず、泣くほどつらい状況ではないようなのですが、毎日が楽しみという様子でもなく、毎朝なんとか一踏ん張りして登園するという感じです。冷静さを装いましたが、生きることに喜びがないのかと、とてもショックを受けました。

どう答えてやればよかったでしょうか?　アドバイスいただけると心強いです。

小学生ぐらい、あるいは幼稚園児の場合もありますが、「何のために生きているかわからない」などと言うことがあるんですよね。ある意味、ドキッとするような質問で、親御さんも不安になると思いますが、私も子どもからこういう相談を受けることは結構あります。

このように言ってくる理由に、私はふたつあると思っています。

ひとつは**愛を失ったとき**、もうひとつは**死に向かい合ったとき**です。

子どもは親の愛情をガソリンに生きている

まず、愛を失ったときというのは、たとえばお母さんが忙しくて、さらに妹や弟が生まれて下の子の世話ばかりしている。

以前は結構、優しいときもあったのに、最近のお母さんはイライラしていて、自分に怒ってばかりいる。

もしかしてお母さんから嫌われたんじゃないか、もう愛されていないんじゃないか、と寂しい思いをしたときに、「何のために生きているかわからない」「生きていても仕方がない」などと言ったりするんですよね。

子どもは、親の愛情をガソリンとして生きていますから、ガソリンが切れると、生きるのがつらくなります。

ですから、それはいわゆる哲学的な意味というよりも、「もっとお母さん、私のことを見てよね」「もっと私にかまってよ」と、寂しい気持ちをSOSのサインとして出してきているわけです。

だから、子どもから言われたときは、「そんなもん、生きていかないといけないに決まってるでしょ！」などと返すのではなく、「生きてるのがつらいと思ったんだね」「何か寂しいのかな？」「嫌なことがあったのかな？」と、**寂しい思いをしていないか、ちょっと見放されているような気持ちがないか、聞いてみることが大切**です。もしそこで「うん」と言ったら、「悪かったね、今までちょっと下の子にばかり忙しかったからね」と言って、「今日は抱っこしようか」と、ぎゅーっとしたり、一緒に遊んだりすることです。

すると元気で明るい笑顔に戻って、落ち着いていくことがあるんですよね。

大人になっても、生きている意味がわからないという人の中には、やはり子ども時代に、親が自分の存在を喜んでくれなかった、むしろ逆に、「おまえなんか産まなければよかった」と言われ、虐待を受けて育った人がいます。そういう人も、自分が生まれてきた意味がわからない、と言ったりします。

だけど、そこで求めているのは、一言でいうと、**人と人との心のつながり**や、**愛情**なんです。

それが、ひとつ目の愛を失ったときです。

必ず死ぬのに、生きるのは何のため?

もうひとつは、**死に向かい合ったとき**。たとえば、おじいちゃん、おばあちゃんが亡くなったときなどです。

そういうことは、子どもにとっては非常にショックなわけです。今まで可愛がってくれたおじいちゃんが白い骨になってしまう。焼き場で焼かれていく。もう写真の中にしかいないとなったとき、「どこに行ったんだろう？」「おじいちゃんの人生って、何だったんだろう？」という思いが出てくるんですよね。

子どもは、小さい頃は、まだ「死」についてピンと来ていないですが、小学校に上がるぐらいから、「死」を理解するようになってきます。

まずは、自分の親がいつかは死ななければならないことがわかって、すごく苦しんだりします。

私も思い出すと、小学1年生の頃、母もいつか死んじゃうんだと思って、毎晩毎晩、泣いていたことがありましたね。

それが、3、4年生ぐらいになってくると、今度は自分がいつか死ななければならないことに気づいて、毎晩死ぬことを想像し、恐れおののいていました。

こういうことを、大きくなるまで考えない子もいますが、考える子は、小学生ぐらいの時期に考え始めます。

そうなると、「生きていても必ず死ななきゃならない。どれだけがんばって、つらいことを乗り越えて生きたとしても、結局最後は死ぬだけじゃないか。そんな人生、何のために生きるんだろう」と考えるようになります。

このお子さんは、5歳でそういうことを考えているわけですから、大人びているというか、頭のいいお子さんだなと思います。

親御さん自身がそのことを考えたことがあるなら、そんなにびっくりしないと思います。

しかし、親に全然そういう経験がなく、子どもが突然言い出したとなると、この子は変なんじゃないか、おかしくなったんじゃないか、と思ったりするわけです。だけど、私は決してそうではなく、むしろ**深く人生を考える真面目なお子さんだと思う**んですよね。

だからこういうことを質問してきても、決しておかしいことじゃないし、ある意味、当然のことだと思います。

この5歳の娘さんは、親子関係でみると、コミュニケーションもとれていますし、そんなに問題はないと思います。だとすると、死ぬということが言葉に出ていますから、どちらかというと、愛を失ったときではなくて、死を考えたときが原因なんだと思います。

生きている者は、いずれ死ぬべき存在なんだと知ったときに、出てきた疑問じゃないかなと思うんです。

人生を考える機会にもなるので、お子さんからいろいろと話を聞いてみて、対話のきっかけにしたらいいと思います。

すぐに答えが出ないかもしれませんが、まずは、「そういうことを考えるのはとても大切なことなんだよ」「すごくいいところに気がついたね」「これからまた一緒に勉強していこうね」と、そんなふうに声をかけたらいいんじゃないかなと思いますね。

何のために生きるかを考えることは、人間としてすごく大事なことだと思います。

今日の1曲 〜 A tune for today

「Dragon Night」(SEKAI NO OWARI)

——作詞・Fukase——

私の「正義」が誰かを傷つけてない？

セカイノオワリは、まだそれほど知られていない時期から、私は、ファーストアルバムを車のハードディスクに入れて、毎日毎日、聴いていました。

特に初期のセカイノオワリは、生とか死とか、結構ヘビーなテーマを歌にしていることが多くて、「幻の命」なんか、よくひとりで聴きながら考えていました。

このドラゴンナイトは、ドラマチックで幻想的な歌詞だと思います。その中に、人にはそれぞれ正義があって、その正義が誰かを傷つけていたかもしれない、というフレーズがあります。

正義とか、正しさというのは、すごく大事なことだと思います。

でも、じつは**正義をふりかざす人ほどよくけんかをする**んですよね。だから、正しい人というか、自分が正しいと思っている人は、意外と正しくないんだということが、この中には書かれています。

もちろん、自分なりの信念をもつことは大事だと思います。

だけど、他人には他人の事情があるし、一人ひとり信じているものも違うわけですよね。それを**自分だけが正義だと思ってしまうと、相手を否定して、相手を滅ぼすまで戦う**ようなことになってしまいます。

世界で戦争が絶えないのも、そういうところがあるからだと思います。

だから、押しつけの正義や、自分が正しいと思って言ったことが、逆に相手を傷つけていたかもしれない、と一度考えてみる必要があるということです。

たとえば、親は子どもに正しいことを教えなければなりません。

だから、「これは正しい」「これは間違ってる」と言います。だけど、たいていの場合「間違ってる」としか言わないから、子どもはだんだん口を閉ざし、表情が暗くなって、不満を抱えてしまうわけです。

もちろん、人間として何が正しいのかを教えるのも大事だと思います。

だけど、そういうことを教えているからといって、親がすべて正しいわけではないですよね。ときには、子どものほうが正しい場合があることを、大人はちょっと考えてみる必要があると思います。

だから、私は「正しいお母さん」って、子どもたちからしたら、ちょっと息苦しいというか、窮屈なんじゃないかと思います。常に自分が正しいと思っているお父さん、お母さんってどうですか？

逆に、子どもから一番人気があるのはどういうお母さんかというと、それは「**失敗するお母さん**」です。結構、この人気投票に励まされているお母さんも多いと思います（笑）。

子どもに人気があるのもわかります。それは、正しさいっぱいで、ああすべきこうすべきと言うお母さんよりも、「お母さん、ちょっと失敗しちゃった」と言ってくれるような、いわゆるツッコミどころ満載のお母さんのほうが、じつは子どもはホッとできるんですよね。

そういう中で、子どもの安心感は育つと私は思っています。

それは、自分のいいところもダメなところも、全部ひっくるめて受け入れられているという感覚なんです。

もちろん、正しさを求めることも大事ですが、人間だから思うようにできないこともあります。そこで互いを認め合う、許し合うことが、やはり親子関係でも、大人同士の間でも、あるいは国と国との関係でも、とても大事なことなんじゃないかと思います。

今日の1曲～A tune for today

「地上の星」(中島みゆき)

――作詞・中島みゆき――

輝く星はきっとあなたのすぐそばに

中島みゆきさんは、私が日本で最も好きなアーティストのひとりです。有名なのは「時代」だとか、最近では「糸」ですかね。私たちの頃は、「悪女」などをよく聴いていて、そのときそのときで心に響く曲が違って、素敵な曲がたくさんあります。

今回は「地上の星」を取り上げました。ご存じの方も多いと思いますが、ＮＨＫ番組「プロジェクトＸ《エックス》」の主題歌でした。

この番組は、日本の公共事業などのさまざまなプロジェクトで活躍した人や、それを支えた人たちを紹介した番組です。

別にそういう人たちが名前を残しているわけではありませんが、誰も知らない、だけど、じつは今、我々が便利で豊かな社会を享受できているのは、そういう人たち、**名もなき人たちの大変な尽力**があったからなんだ、ということを取り上げる番組だったんです。

まさに「地上の星」は、そういうテーマに沿った歌で、この曲を聴きながら「プロジェクトＸ」を観ると、じーんと込み上げてくるものがありました。

この曲を、中島みゆきさんが紅白歌合戦で歌ったことがあります。彼女はテレビには滅多に出ないんですが、歌っていた場所が印象に残っている方も多いと思います。黒部ダムの坑内で、この歌を歌ったんですね。

黒部ダムは「プロジェクトX」で取り上げられたことがありました。そこは関西電力の電力を供給する非常に大事なところなんですが、山の奥の奥のほうにあって、しかもすごく巨大。建設には171人もの死者が出て、大変な難工事の末、完成したそうです。

その様子は、石原裕次郎出演の『黒部の太陽』という映画でも描かれていました。黒部ダムがあるおかげで、関西の電気が賄われているということなんですよね。

では、タイトルの「地上の星」って、どういう意味だかわかりますか？星といえば「天上の星」で、空を見上げて眺めるものです。地上の星とは、どういうことでしょう。

〝風の中のすばる　砂の中の銀河〟

すばるや銀河は、高い空に光り輝いているものですが、そばを通り抜けていく風や、砂の中にあるんだと歌っています。

〝草原のペガサス　街角のヴィーナス〟

ペガサスもヴィーナスも、本当は高い天空に輝くものですけれども、それが草原にいたり、街角にいたり……。

これはやはり、そういった、いろんなプロジェクトで活躍した名もない人たちのことを指しているわけですよね。

みんな、有名な人や、名声を上げた人に目が向いてしまいがちです。

それはたとえていえば、天上の星だと思いますが、それだけではなく、**私たちの身の周りにも、本当に大変な、大事な仕事をしている人が、じつはたくさんいるんだ**ということです。

みんな空を眺めて「星はきれいだな」などと言っているけれども、私たちの身の周りにも、きら星のように大切な人がたくさんいるんだ、じつはすべての人が、かけがえのない地上の星なんだ、ということですよね。だけど私たちは、何か空ばかりを見て、身近にあるそういう星に気づかないんです。

何か名声とか地位とか、追ってつかもうとするんだけど、それは氷みたいなもので、手に入れようとすると消え去ってしまう。

また、たとえ名声や地位を得たとしても、時間が経てば、泡沫《うたかた》のように消えてしまうものだってあるわけですよね。

それよりは、名前は残していないけれども、人々のためにすごく大事な仕事をしたり、生き方をしたりしたほうが、価値があるんじゃないかという歌だと思うんですよね。

名声を得た人をうらやんだり、「あの人はあんなに有名になったのに、自分は全然ダメだ」みたいに落ち込んだりすることもあるけれども、だけどじつは、**それぞれが大事な仕事をしているのであって、かけがえのない意味のある存在だ**ということです。

そういう大切さに気づいてほしいと思いますね。

中島みゆきさんって、身近にいるヒーローや、価値に思いを寄せている人だと感じますし、そういうところが本当に素晴らしいなと思います。

第4章 冬のこころ

アダルトチルドレンで、シングルマザーの私。子育てで気をつけることは？

「大切なのは依存しないことではなく、いろいろなところに依存できることです」

だいじょうぶ
たくさんの人の力を借りてもいいんだよ

悩み相談

私は、母がアル中で、父は家庭を顧みず、帰ってくれば母に暴力をふるう家庭で育ちました。完全なアダルトチルドレンです。自分の家庭をもちましたが、妊娠中に離婚し、小学生の子どもと生活しています。アダルトチルドレンのせいか、子どもにどう接したらいいかわからず、遊んでほしいと言われるのが一番つらくて、買い物などでごまかしています。仕事に追われて帰りも遅く、子どもに食事をさせて寝かせるのは12時になります。シングルなので子どもに満足な生活をさせられず、休みの日もどこにも連れて行けず、寂しい思いばかりさせています。そのせいか、子どもは不登校気味です。アダルトチルドレンでシングルマザーの子育ては、どのようにしたらいいですか?

本当に切実な質問だと思いますが、まずはアダルトチルドレンという言葉が出てきたので、その説明をしたいと思います。

アダルトチルドレンというと、子どもっぽい大人のような意味で使われたりしますが、それは誤解で、**子どものときから大人の役割をせざるを得なかった子どもたち**のことをいいます。

典型的なのが、アルコール依存症の親に育てられた子どもです。

じつはこれを言い出したのがウォイテッツという人ですが、その人自身、アルコール依存症の親の元に育っていて、やはり大人になってからも生きづらさを感じ、「アダルトチルドレン」という言葉を使って書いた本が全世界に広まったのです。

その後この概念が知られていくうちに、いわゆる機能不全家族（ＤＶ：ドメスティック・バイオレンスや、虐待のある家族）の中で育った人も、アダルトチルドレンといわれるようになりました。

この質問をされた方のご両親は、お母さんがアルコール依存症で、お父さんが妻に暴力をふるうＤＶなのだそうで、おっしゃるとおり、完全なアダルトチルドレンになっても不思議はない気がしますね。

子ども時代に大人の役割をさせられていると

アダルトチルドレンは、子どものときから大人の役割をせざるを得ないことが問題なのです。

たとえばアルコール依存症の母は、子どもに愚痴を言ったりします。「おまえの父親は暴力をふるう、とんでもない親だ」とかね。そうすると、子どもはお母さんがかわいそうだから、お母さんの愚痴の聞き役になります。お母さんを慰める役になってしまいます。

本来は、子どもが親の愚痴を聞くのではなく、親が子どもの愚痴を聞かないといけないわけです。「学校でいじめられた」「こんなひどいヤツがいた」と、子どもが学校から帰ってきて、わーっと泣きながら言って、それを親に「そうかそうか、大変だったね」とヨシヨシと受け止めてもらって、ようやく気持ちに整理がつきます。そしてまたスッキリして学校に行けるのです。

それが逆になってしまうのです。親の気持ちを子どもが受け止めて、ヨシヨシするのですから、親はすっきりするかもしれませんが、**子どもは自分の気持ちを言えなくなってしまいます。**

たとえば学校でいじめられているのに、そのことを言おうものなら、母親から、そんな話は聞きたくない、ちゃんとお母さんの話を聞けと、はね返されてしまう。あるいは、母親を心配させるようなことを言うと、自殺してしまうんじゃないかと心配になる。そうすると、自分のつらいことは何も言えなくなってしまいますよね。アダルトチルドレンの中でもタイプが分かれていて、**イネイブラー**といって、慰め役になる人もいます。また、**道化師**になる人もいます。

自分だけ一生懸命みんなを笑わせるようなことをして、場を盛り上げて、家族を取り繕おうとする役割です。

そうやって、家族がバラバラになろうとするのを、必死でつなぎとめようとします。本当は、つなぎ止めるのは親の役割なのに、それが逆転してしまっているのです。

そういうろんなタイプがありますが、本来は子ども自身が、自分の気持ち、嬉しい気持ちだけではなく、悲しい気持ちや怒りの気持ちを親にぶつけて、ヨシヨシしてもらうことで、心の土台である安心感が育つのです。それをしないままで育ってしまったのがアダルトチルドレンです。

結果として、自分の存在への自信が得られず、親にとって都合のいい間は認められるけれど、自分が本音や感情を出したら、そのとたんに親に嫌われてしまい、この家庭はバラバラになってしまう、という不安な気持ちで育っていく。そういうところに、いろいろと問題が起きるわけです。

この方がどういうタイプだったかはわかりませんが、そんな環境で、アダルトチルドレンとして育ったということだと思います。

そうなると、「子どもにどう接したらいいかわかりません」「子どもに遊んでほしいと言われるのが一番つらい」というのも無理はありません。子ども時代から大人の役割をせざるを得なかったので、遊ぶことがわからないんですよね。

自分の気持ちを解放して、一緒に「ワハハ!!」と笑い合うことがわからない。むしろ親の顔色を見て、それに合わせることしかしてこなかったので、自分の気持ちを素直に出して遊ぶことがわからないんだと思います。

そういう意味でも、**遊ぶことが子どもの成長にどれだけ大事か**、わかってもらえると思うんですけどね。

何気ない生活の中に、子どもは幸せを感じている

親の顔色を見なければならない家で育つと、自分に子どもができたとしても、なかなか接するのに悩んでしまうこともよくわかります。

ただ、そういうつらい中でも、一生懸命仕事をしておられるわけですよね。それから帰って、子どもに食事をさせて寝かせる。仕事でクタクタだと思いますが、毎

日子どもにしっかり食事をさせて、寝かせるだけでも、本当によくやっておられると思うんですよね。

「シングルなので子どもに満足な生活をさせられず」と書かれていますが、**経済的低所得＝不幸ということでは決してない**と思います。

もちろん、いろいろとつらいこともあると思いますが、だけどやはり、それでもお母さんがご飯を作ってくれるとか、ちゃんと世話をしてくれるだけでも、幸せを感じているんじゃないかなと思います。

休みの日に、他の家族は遊園地や旅行に行っているのに、うちの子にはしてやれないということで、たしかに子どもは文句を言うかもしれません。

だけど、テーマパークに行っても、意外と子どもは覚えていなくて、何気ない景色や食べ物を、あのときこういう景色を見たよね、あのときこんなものを食べて美味しかったよね、ということだけを覚えていたりするわけです。

スーパーで一緒に買い物をするとか、近くの公園やプールに行くとか、そういうことが子どもにとってレジャーだったりします。

そういうことからすると、お母さんが十分なことをしてやれていないという気持ちはすごくわかるんですが、今こういうふうに世話をしておられる。

それだけで、子どもが幸せを感じる瞬間って、きっとあるんじゃないかと思うんですね。

「虐待に不登校なし」？

「子どもが不登校気味です」ということですが、それは自分がシングルマザーで、アダルトチルドレンだからだというふうにおっしゃっていますが、では逆に、経済的に余裕があって、テーマパークに連れて行っていたら、不登校にならないかというと、そうでもないわけです。

むしろ私は、不登校になれるのは、ある意味、親が学校を休むことを受け入れてくれているからこそだと思います。

「**虐待に不登校なし**」といわれます。虐待を受けている子は、不登校にはならないんです（もちろん例外はありますが……）。

それは家が危険だからです。学校のほうが安全だし、学校には給食があります。学校の給食が唯一の栄養源となると、一生懸命に学校へ行きます。給食を2人分や、3人分食べたりするわけです。

だから、どういう事情で不登校なのかはわからないですが、決して親の育て方に原因があるとか、私はいえないと思うんですね。

ですから、「アダルトチルドレンでシングルマザーなら、どのように子育てしたらいいでしょうか」とご質問ですが、今このように**お子さんを案じながら、一生懸命働いてご飯を食べさせている**。それがそのまま、愛情をもって子どもを育てているということですし、お子さんにもちゃんと伝わっているんじゃないかと私は思います。

本当の自立とは、依存先を増やすこと

ひとつアドバイスをするとするなら、シングルマザーは、ひとりで子育てをしているだけで本当に大変なんです。

そのうえ、お母さんがアルコール依存症でお父さんがDVだということですから、親には頼れないわけですよね。もうどれだけ大変かということです。

それならなおさら、人の力を借りてもらいたいと思います。

必ず助けてくれる人はいますので、そういう他人の力を借りてほしいと思います。よく自立、自立といいますが、**自立とは、一言でいうと、「依存先を増やすこと」です。**

よく、依存しないことが自立だと思われがちですが、そうではなく、いろんなところに依存できることが自立だといわれています。

だから、そういう意味で、このラジオで相談してくださったのも、本当に素晴らしいことだと思いますし、よく相談してくださったと思うんですよね。それはとても大切なことです。

もちろん、この人には相談してもダメというケースもあるかもしれませんが、別の人に相談したら安心できることもきっとあるはずなので、ぜひそういう人を見つけて、いろいろと人の力を借りながら、やっていってもらいたいなと思います。

そうするうちに、お母さんの気持ちにも余裕が生まれて、子どもと遊べるようになったり、試行錯誤の中で、子どもとの接し方が、きっとわかってくるのではないかなと思います。

「フタをしていたつらい思いは、出つくしたときに楽になります」

毎晩、嫌な記憶に苦しむ娘をどうしたら救えるでしょうか

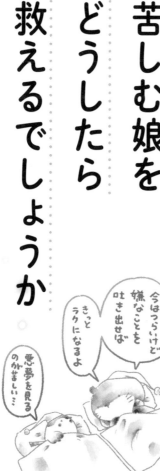

今はつらいけど嫌なことを吐き出せば
きっとラクになるよ

悩み相談

こんにちは。先日、明橋先生のHSC（ひといちばい敏感な子）のセミナーに、親子で参加させていただきました。28歳になった娘が、明橋先生のお話を聞いて、自分はHSCだったんだと口にしました。この娘が、毎晩夜になると、過去の嫌な記憶が次々とよみがえってきて苦しい、死にたいと訴えます。

今までお母さんは何もしてくれなかった、と涙ながらに訴えてきますが、娘をどうしたら救えるでしょうか？

自分自身がHSCだったということがわかったとき、それで謎が解けた、楽になった、と言われる人は多いです。

ところが、娘さんはその後、過去の嫌な記憶が次々とよみがえってきて苦しい、死にたいと、よけいに苦しくなっておられるようだということですね。

しかも、それだけではなく、「お母さんは何もしてくれなかった」と、母親を責めてくるということですから、お母さんとしては、いったい何が起きたのかと不安になっておられるのだと思います。

どうしたらいいかということですが、私は、もちろん嫌な記憶は、できれば思い出したくない、フタをしたいものだと思います。

ただ、過去の苦しい記憶がよみがえったり、悪夢を見たりするのは、私たちの心の底にたまったストレスやモヤモヤを、吐き出すためでもあるのですね。

私たちは心にたまったモヤモヤを、一番は言葉で吐き出せたらいいのですが、それができない場合に、**2通りの出口**があります。

ひとつは寝ているとき**悪夢を見る**ことによって、モヤモヤした気持ちを吐き出す出し方です。

もうひとつは、**身体の症状**です。お腹が痛い、頭が痛いなど、身体の症状として吐き出すルートです。ですから、私たちは**ストレスが溜まって、いきなりうつ病になるわけではなく**、最初は胃がキリキリ痛む、毎日頭痛がする、夜眠れないなどの身体症状となって現れます。

それと同時に、そういう時期に、やはり毎日毎日、悪夢を見たり、職場の夢を見てうなされたりということがあるわけです。

それがさらに悪化していくと、本当のうつ病になってしまいます。そうなると、逆に悪夢も見なくなるんですよね。

また反対にうつ病が回復してくると、回復途中に悪夢を見たり、身体症状となって現れたり、そういう時期を通って治っていきます。

嫌な記憶がよみがえるのは、ホッとしたとき

娘さんは、自分がＨＳＣだとわかってから、毎日夜になると、過去の嫌な記憶が次々とよみがえってきて苦しいとのことですが、これは今に始まったものではなく、ずっと前から心の奥にしまいこんでフタをしていたものだと思うんです。

これは絶対に出しちゃいけない、こんなことは外には出せないと思ってフタをしていた。それが、自分がHSCだとわかって、理解してもらえる場所ができて、ホッとしたんですよね。

ホッとしたときに何が出てくるかというと、今まで溜め込んでいたものです。ですから、私は、決してこの娘さんが悪化されたのではなく、むしろここから回復のプロセスが始まるんじゃないかと思います。

この方は、悪夢を見る前も、腹痛や頭痛、下痢をくり返したり、蕁麻疹《じんましん》や過呼吸になったり、そういう身体症状があったんじゃないかという気がします。もしそれがないとしても、生きづらさに悩んでおられたのではないか、それをあまり自覚せずに、「何で自分はこんなに疲れるんだろう」と思いながら、生きてこられたと思うんですよね。しんどい生き方をしてこられたと思います。

それがHSCだったとわかり、そういうことだったのかと納得できたときに、過去のこういうこともつらかった、ああいうことも嫌だった、ということがどんどんあふれるように出てきたのです。

いったんフタが開くと、そんなに簡単に閉じることはできないので、出つくすまで出てきます。

だけど、出つくしたときに、すごく楽になります。気持ちが生まれ変わるきっかけになります。

「お母さんは何もしてくれなかった」と訴えてきたら？

親御さんには、やはりそんな娘さんの態度につき合って、「そうかそうか、悪かったね」と丁寧に聞いてほしいと思います。

また、お母さんは何もしてくれなかったと涙ながらに訴えてくるということですが、子どもが親を責めてくるのは、この方に限らず、よくあることなんです。

それに関して、安易に何でも「ごめん」と言ってはいけないという人もいますが、少なくとも、親としてその苦しみに気づいてやれなかったことに関しては、私は謝ってもいいんじゃないかと思っています。

謝ると、親が何もできなかったことを白状しているみたいで、よけいに子どもをがっかりさせないかという人もいますが、親が子どもに謝ることは、逆にいうと、**「あなたは間違っていないよ」「あなたは、がんばってきたんだよ」と伝えるメッセージ**になります。

逆に、親が「私は間違ってない」「私のやり方は全然問題なかった」と非を認めないと、どうなると思いますか？

それは子どもに対しては、「あなたが間違ってる」「あなたがおかしい」という、否定のメッセージになってしまうわけです。

それがまた、「自分は大切な存在だ」という気持ちを低めてしまうんですよね。

だから、お母さんも気づけばよかったんだけど、気づいてやれなくて申し訳なかったね、ごめんね、というふうに、くり返し、そのつど言ってほしいと思います。

そうすると、子どもはそのつど肯定されて、救われていくんですよね。そのうちにだんだん自分も大変な中がんばっていたんだなと、ようやく自分のことを肯定できるようになるわけです。

回復のプロセスはすでに始まっている

おそらく過去に嫌なことがたくさんあって、自分を責めてきたんです、自分が弱いから、自分が臆病だから、自分が悪いからいけないいんだと。だから**一生懸命、隠してきた**んです。

自分が悪いんだから、他人に言っても「それはあんたが悪いんでしょ」と言われるだけだと思ったら、言えないですよね。

だけどそうじゃなくて、自分はよくがんばってきたんだ、よく耐えてきたんだ、むしろこんな中、よく生きてきたなということが、自分で認められるようになると、本当に楽になってきます。

そうなったときに初めて、子どもは、「いや、お母さんも悪くないよ。お母さんだって、一生懸命育ててくれたんだから」というふうに、ようやく言えるようになるのです。

そのためのひとつのプロセス、通らなければならない過程なんです。

ですから私は、「どうしたら救えるでしょうか」とありますけども、すでに、この娘さんの救われるプロセスは始まっていると思いますね。

しばらくは大変だと思いますが、しっかり話を聞いて、「悪かったね」と言ってほしいですね。

そのようにしていたら、「いや、お母さんは悪くない。お父さんが悪い」と、お父さんに矛先が向かうこともあります（笑）。

ですから、どんどん悪くなっていったらどうしよう、自分の育て方が間違っていたんだろうか、と不安になっておられると思いますが、決してそうではないし、回復のプロセスが、今始まったということだと思います。

Dr.明橋のこころがほっとするラジオ
ON AIR

「人間は生涯、成長のチャンスが与えられていると思っています」

「空の巣症候群」になり、これから何を力に生きればいいでしょうか

親としてよくがんばったね
次は自分のために生きてみようよ
うちの子が巣立ってしまった…さみしい…

悩み相談

この春から一番下の息子も、県外の大学へ通うために下宿を始めました。子どもたち全員、家を出て行ってしまい、ほっとすると同時に、誰も頼ってくる人がいない現実に、心にぽっかりと穴が空いたような気持ちです。「もう、お弁当も作らなくていいし、大量の洗濯物も洗い物も、子どもたちのためにすることなんて何もないんだ」と思うと、自然と涙がボロボロと出てきます。これまであまりにも子どものことに一生懸命だったため、これから何を力に生きていったらいいかわからなくなりました。「空の巣症候群」といわれるものだと思いますが、どう乗り切っていけばいいでしょうか。

子育てが終わり、心にぽっかりと穴が空いた気持ちだというお悩みですが、質問にも書かれているとおり、典型的な「**空の巣症候群**」だと思います。

空の巣症候群とは、英語でエンプティー・ネスト・シンドロームといわれます。要するに、親鳥が一生懸命、雛を育てるのですが、大きくなると、巣から飛び立ってしまう。すると、今まで必死に育んできた愛の巣が空っぽになってしまい、親鳥は大変な孤独感にさいなまれます。その姿になぞらえていますが、特に一生懸命、子育てをしてきたお母さんには、よくあることです。

一番下の子が県外の大学に行き、子ども全員が巣立ってしまった、だいたい4月から5月にかけて、こういうことが結構あるんですよね。

ある意味、子どもを支えにして生きてきたのに、それを失ってしまう、一種の「喪失感」のようなものです。それですごくガックリきてしまうことがあります。

ちなみにこれが旦那さんだと、しばらく単身赴任で帰ってこなくても、全然ガックリこないんです。逆に「亭主元気で留守がいい」といわれるぐらいで、同じ家族なのに、なぜこんなに差があるのでしょうか（笑）？

子どもが巣立つとそういうふうになるのは、それだけお子さんのことを愛してこられた、ということだと思いますが、その一方で、どこかで精神的な支えを子どもに求めていたのかもしれません。自分の存在価値を子育てに見出していた、もっというなら、**「子どものためにがんばっている母親」に存在価値を見出していた**のかもしれません。

そうすると、やはり子どもがいなくなると落ち込んでしまいます。

自分の人生を、自分で自立させていく

これは、子どもが巣立ったときだけではなく、定年退職したときにもいえます。今まで仕事をバリバリやってきたけれど、仕事に精神的な依存をしていた、あるいは、「仕事をやっている自分」に存在価値を見出していた。

すると、定年退職したら何をしていいのかわからない。自分の生きている意味がわからない、と考えることになるわけです。

それも精神的に依存していることですよね。だからこういう問題の根っこにあるのは、**「ひとりの人間としての自立」**です。

人が成長していくうえで、幼児期は食事や排泄の自立、思春期は精神的な自立、就職すると経済的に自立するなど、いろんな自立のプロセスがあります。

じつはこういう定年退職や子育てが終わるような、これから高齢期に差しかかろうとするときに、また自立という問題が頭をもたげてきます。

そこで子どもに依存するのではなく、**「ひとりの人間として、自分の人生を自分で自立させていく」**ことが大切になります。

たとえば、ママ友と語り合うとか、趣味のサークルに行くとか、ヨガやフラダンスを始めるなど、いろいろありますよね。あるいは、最近は海外ドラマにはまる人も多いし、昔ファンだったアイドルのコンサートに行く人もいます。

「自分の人生を自分で自立させていく」ことは、子どもに依存せず、自分で、自分の楽しみを見出していくことです。そこからこれからの人生が開けてくるんだと思います。

空の巣症候群は、そんなに長くは続きません。それは一時的なもので、そのうち、ママ友とファミレスで、8時間でも10時間でもしゃべっていたなんてことに、きっとなっていくと思います。ですから、これは、ひとりの人間としてのチャンスなのではと私は思っています。

人間って、死ぬまで成長のチャンスが与えられていると思います。そこで、また次のステージ、次の世界へと、一歩踏み出すことができるのです。

新しい世界に踏み出すには不安もあるかもしれませんが、そこにもきっと、充実した人生が待ち受けていると思います。

今まで子どもを一生懸命育ててきたとありますが、それだけ一生懸命育ててきたからこそ、子どもがしっかり自立していったわけですよね。

とても子育てをがんばってこられたということです。ここまで、母親としての務めを果たしてきたわけですから、これからの人生は自分のための人生として、ぜひ充実させてもらいたいと思いますね。

Dr.明橋のこころがほっとするラジオ
ON AIR

「関係が壊れたときこそ、続けるべき大切なことがあります」

いったん壊れた関係を取り戻すことはできるのでしょうか

あいさつすることも大切
仲直りしたいと願い続けることも大切
おはよう
ツンッ

悩み相談1

15歳の娘がいます。HSC（ひといちばい敏感な子）と気づかず激しく叱責してしまい、親子関係がとても悪くなってしまいました。今後、どう接して修復していけばいいでしょうか。

悩み相談2

夫が息子を怒鳴ってしまい、完全に拒絶されてしまいました。それまでも、学校に行けない息子を否定的に見ている夫とは親子関係のわだかまりがあり、心配していましたが、いったん壊れた関係を取り戻すことはできるのでしょうか。

思春期の子どもを見ていると、何というわがままな態度かと言いたくなるときがありますよね。こちらも忍耐しているんですが、どうしてもがまんできなくなって爆発してしまうと、子どもも心を閉ざし、まったく会話がなくなってしまったりします。夫婦の間でもあることかもしれません。

私はこういったことは、濃い人間関係には必ずあることだと思います。

相手に注意したことが、絶対間違いがないか、1ミリも違わないというなら、それは謝る必要はないかもしれません。

だけど、こちらも誤解していたり、一方的な決めつけだったり、子どもの気持ちがわかっていなかったりすることが、どうしてもあると思うんですよね。

そういう場合は、私はやはり、**大人のほうから謝るということがあっていい**と思います。

何でこちらが謝らないといけないのかという思いがあるかもしれませんが、子どもは、親に否定されたら、反発はするけれど、裏では俺はダメな人間なんだ、親から嫌われても仕方のない人間なんだ、自分は生きている価値がないんだと、どこかで思ってしまうんですよね。

子どもにかける言葉の重さを知る

親子ゲンカというのは、じつは子どもにとってダメージが深いと思います。同じ家族でも、きょうだいゲンカは、激しいわりにはそんなにダメージはありません。もちろん例外はありますが、お互い爪で引っ掻き合いをやっていても、次の日にはケロッとしていたりしますよね。

だけど**親から否定されるのは、子どもにとってすごくダメージが大きい**し、それをきっかけに家出するとか、あるいはリストカットすることもあります。大人になっても、親から否定されることで、本当に死にたくなったという人は決して少なくはありません。

それだけ、親の子どもにかける言葉は、ものすごく重いものなんだと、親は知る必要があると思うんですよね。

ですから、ちょっと言いすぎたな、誤解があったなというときは、私は直接でも、メールや手紙でもいいから、これについては申し訳なかったと謝ることは大事だと思います。そのとき、だけどこうだったんだと言い訳をすると、謝ったことになりません。きちんと謝ることが大切です。

それだけで、子どもは自分が全面否定されたわけではないと、少し救われるんですよね。

親が謝ったら、子どもになめられるとか、つけ上がらせると言う人がいますが、私は決してそんなことはないと思います。

むしろ、想像以上に子どもはダメージを受けているので、謝ることで少しは立ち直れるということがあると思います。

本当の気持ちがわかれば、見方は変わる

そのうえで、私はやはり子どもの表面上の姿ではなく、その裏の気持ちを、親もいろいろ情報を集めながら考えてもらいたいと思います。

たとえば、親に八つ当たりしたり、何でも文句をつけてきたりすると、いい加減にしろと怒鳴りたくなりますよね。だけど、じつは学校でいじめを受けていて、しゃべる人もいない、毎日悪口を言われたり、からかわれたりするのを、ひたすらがまんしている、というような背景があったりするわけです。

必ず背景はあるので、学校やきょうだいに聞いてみるなど、まずは情報を集めることが大事だと思います。

私のところに来る子も、親の前では反発していても、診察室に入ると本音で話してくれる子は多いです。

診察では、思春期の子はもちろん、小さい子の場合も、親と一緒に話を聞くことは滅多にしていません。

それは、親の前では本音を話さないからです。親と一緒だと、親はベラベラしゃべりますが、子どもはブスッと横を向いたりしています。

これではとても話が聞けないなと思って、親に外へ行ってもらうと、子どもはポツポツと話し始めます。それを聞いていくと、カルテがいっぱいになってしまうことも結構あります。

そのあと親御さんが入ってきて、「この子何かしゃべりましたか？」と聞いてこられますが、「いろいろと話してくれましたよ」と言うと驚かれます。

実際に、親に言っていないことも話してくれたりしますが、それを聞いていくと、態度が悪いように見えた子でも、本当に大変だったな、こんな傷つくような中でよく今まで生きてきたな、と声をかけたくなることがたくさんあるんですよね。

そういうことを知れば、やはり子どもに対する態度も変わってくるんじゃないかと思います。

ご相談にあるようにお父さんが、子どもへのネガティブな感情を抱えたまま、「何で学校へ行かんのか」とか、「ちゃんと返事しろ」と言って、がまんして接したりしていると、やはり態度に出てしまうんですよね。それでドアをバーンと閉めたりしてしまうと、子どもは、「あー。お父さん怒ってるな」と勘づくわけです。

だけど、本当はこんなに大変だったんだ、態度が悪いのは自分が傷ついていることを見せないようにしているからなんだ、とわかってくると、ハイハイという感じで許せるようになってくる。そうなると、少しずつ会話ができるようになってきます。

親として絶対にしてはいけないこと

たとえ会話ができなくなったとしても、親にできる大切なことがあります。

それが、**衣食住の提供**です。衣は洗濯、食は食事、住は寝床を与えるということで、当たり前のように思いますが、それが当たり前ではない家も結構あるわけです。「働かざる者、食うべからず」といって、昔は学校に行けない子どもに対して、兵糧攻めで親が対応することもありました。ご飯を食べさせないなんて、本当にひどい話です。

すると、子どもはどう思うかというと、学校だけでもつらい思いをしているのに、家でもこんなに責められるのかと思うんですよね。ご飯を食べさせないことは、死ねということです。親として絶対にしてはいけないことなんです。

逆にご飯を作って食べさせる、子どもが好きなものを一生懸命作って食べさせることは、それだけ意味のあることなんです。部屋にこもって出てこないこともあります。そういう子には、冷蔵庫にラップをかけて置いておくとか、子どもの好きそうな冷凍食品をストックしておくなどしておきます。

すると、みんなが寝静まった頃に部屋から出てきて、ポツポツ食べています。そして自分が食べてもちゃんと補充してあるとわかると、**やはり心配してくれている**

んだなと思うわけです。それは、すごく大事なことなんですね。

寝床を与えることですが、昔は言うことを聞かない者は、矯正施設に入れたり、宗教施設に入れたりということがありました。戸塚ヨットスクールなど、それで事件になった例もあります。

だから、逆にそうやって家から追い出したりせず、寝床を与えることが大事なサポートなんです。

衣食住を何も言わずに提供し続けることによって、親も自分のことを大事に思ってくれているんだと、子どもに伝わるわけです。

挨拶で伝え続けられることがある

あとは挨拶ですね。こういうコミュニケーションが途絶えたときに、有効なのが、「おはよう」「おやすみ」「行ってきます」「ただいま」といった言葉です。

挨拶の特徴は、無害なことです。これがいいとか悪いとかの価値判断を含みません。だから害のない言葉です。

さらに、「おはよう」「おやすみ」というのは、相手の存在を尊重しているということですよね。それがすごく意味のあることなんです。

ですから、一度きちんと謝って、そのあとは衣食住の提供、そして挨拶です。

挨拶は返ってこなくてもいいんです。「返事は?」などと言ってはダメです。返事が返ってこなくても、こちらから挨拶を続ける。衣食住の提供を続ける。

そのうちに、子どものささくれだった気持ちも穏やかになってきて、こんな自分でも変わらずご飯を出し続けてくれた、親も本当は心配してくれているのかな、と思うようになるんですよね。

実際に親子関係が回復したとき、子どもたちが言うのは、「こんな自分でも帰ったら温かいご飯を出してくれた、何も言わずに迎えてくれた」、あるいは、「ずっと引きこもっていて一歩も部屋の外に出なかったけど、部屋の前にご飯を置き続けてくれた」、そういう**親の気持ちに感謝している**ということです。

子どもだって、本当に親を憎み切ることはできません。

だから、この親御さんが、なんとか関係を修復しようと思っているのは素晴らしいことだと思います。やはり親がそう思わないと、なかなかできないことなんです。親がそういう願いをもち続ける限り、つながりを取り戻せることはあると思います。

Dr.明橋のこころがほっとするラジオ
ON AIR

「『死にたい』と思うのは、死にたいほどつらいということですよね」

「死にたい」と思ってしまうとき、どうしたらいいですか？

たくさん大変な思いをしたんだね
つらくてもよくがんばって生きてきたね
イヤなこと
ストレス
悩み
苦しいよ〜

悩み相談

子育ても生活も、まったく楽しくありません。子どもに発達障がいがあり、離婚調停中ということもありますが、自分に生きる価値なんてないと思いながら生きています。毎日毎日、同じことで子どもに怒り、イライラしっぱなしです。もう限界。こんな私がどうすれば、楽しく過ごす日々が送れるのでしょうか？　何をやってもうまくいかず、周りからも冷たい視線を受け、これ以上つらい思いをするなら、いっそ死んでしまいたいと思ってしまいます。

この質問を読ませていただいて、私は胸がしめつけられるような気持ちになりました。

子どもには発達障がいがある。しかも夫とは離婚調停中。毎日毎日子どもの世話に追われ、怒ってばかりでそういう自分をまた責める日々。周囲からの視線も冷たい。どれひとつとっても、生きてゆく力を根こそぎ奪われてしまうような、そんな大変な苦しみをいくつも抱えて、よく今まで生きてこられたな、それだけでも本当によくがんばってこられたと思います。

こういうときに、安易な慰めなど、何を言っても気休めにしかならないと思います。大変な現実が、すぐ変わるわけでもないでしょう。

それでも、このようにメッセージを下さったからには、少しでもお答えしなければならないと思います。

中島みゆきの歌に、「肩に降る雨」という曲があります。

死ぬことしか考えられなくて、雨の中をずっと歩いていった、という内容の歌詞ですが、その中で、

〝幾日歩いた線路沿いは行方を捨てた闇の道
なのに夜深く夢の底で耳に入る雨を厭うのは何故〟

という言葉があります。

もう死ぬんだから、どうなってもいい、と降りしきる雨の中、傘もささずに歩い

ているのですが、それでも、耳に入る雨は嫌なのです。

頭では、もういつ死んでもいい、と思っているのに、身体はまだ生きようとしているのです。そう気づいたとき、中島みゆきはこう歌います。

〝肩に降る雨の冷たさは生きろと叫ぶ誰かの声

肩に降る雨の冷たさは生きたいと迷う自分の声〟

このご相談の方は、「死にたい」とおっしゃっていながら、その一方で、このようにメッセージを下さっています。

それはどこかで、自分のつらさをわかってもらいたい、助けがほしい、助けてほしい、という心の叫びなのではないでしょうか。

この世に絶望しつつ、でもどこかに救いはないかと、わずかでも思ってくださっているのではないでしょうか。

もしそうならば、私は、少なくともここにひとり、あなたのつらさを憶《おも》い、1万分の1かもしれませんが、その痛みをわかろうとする人間がいるとお伝えしたいと思います。そしてそれはきっと私だけでないと思います。

「わかるよ、その気持ち」「私も、同じ気持ちだったよ」と涙を流す人が、あなたの周りにもきっと、何人もいると思うのです。

願わくは、どうかそういう人と出会ってもらいたい。そうしていっぱい、思いのたけを聞いてもらってほしい。そうすれば、少しは楽になるということもあるのではないかと思います。

民間の子育て支援団体の中には、同じ思いの中で子育てをしてきて、少しでも周囲のママの助けになりたいと思って活動している人がたくさんいます。

シングルで子育てしてきた人、夫のDVから命からがら逃げてきた人、子どもを危うく殺しそうになった人、そんな中を、何とか生き延びてきた人は、決して少なくないのです。ぜひそういうところにつながって、少しでもほっとできる時間をもってもらえたらなと思います。

大変な中、尊いメッセージを下さって、ありがとうございました。

今日の1曲～A tune for today

「be alive」（悠々ホルン）

あの日の僕へ。どうか生きていて、光は必ずあるから

悠々ホルンさんは、子どものSOSソングライターといって、不登校や虐待、いじめや自殺などの悩みを抱える子どもたちからのメッセージを受け取って、それを歌にして発信している人なんですね。

「be alive」は、「どうか生きていて」というタイトルですが、このラジオにも、「死んでしまいたい」「何で生きてるのかわからない」というような

相談が、ときどき寄せられています。

「何の為に生きるのか、誰の為に生きるのか、生きることは願望か苦行か」と歌っていますが、**生きることが本当に苦しくて、嫌いな自分をどうすればいいかわからなくなることってありますよね。**

周りからプレッシャーをかけられ、罵声を浴びせられる。だけど、そういうゴミのような言葉を撒き散らしてくる人のために、「キミは悲観して諦めて、もう死んでしまうの？」と問いかけています。

生きることがつらくなってしまう気持ちはすごくよくわかるし、同じ思いでいる人も少なくないと思います。だけど悠々ホルンさんは、「もし今キミが、生きる事やめてしまったとしたら、キミは少し先の光は見れない。その光がキミを救うものだとしても」と語りかけています。

この先、どんなにつらくても、生きることをやめなければ、きっとその光に出会うことがあるに違いないと、私も思います。
「今を変えるものは憎しみや嘘ではない。キミの好きなもの」。ホルンさんにとっては、それが音楽だったのかもしれません。そういう自分の好きなものが自信となり、やがて人と人とをつなぎ、生きる理由を運んでくる。

何か好きなことに打ち込むことによって、未来は変わってくるということです。今までは、誰もわかってくれない絶望を感じながら、人前で違う自分を演じ続けてきたかもしれません。だけど、きっと心から笑い合えるときが来るんだということを歌っていると思いますね。

本当にストレートな、心に響く歌詞だと思います。もし同じような思いを抱えている人たち、あるいは子どもたちがいたら、ぜひこのメッセージを受け取ってほしいと思います。

「be alive」

作詞作曲・悠々ホルン

もし今 キミが生きる事
やめてしまったとしたら
キミはもう何も知らぬまま
何の為に生きるのか
誰の為に生きるのか
生きることは願望か苦行か
嘘嘘嘘まみれ
切り刻んでしまいたい体中
嫌いな自分を
どうすればいい……

重圧を掛ける視線
怒りの湧く怒鳴り声
ゴミのような言葉を
撒き散らして
分かったような顔する
大人にキミは悲観して諦めて
涙をチケットに旅立つの？

もし今 キミが生きる事
やめてしまったとしたら
キミは少し先の光は見れない
その光がキミを救う
ものだとしても
キミはもう何も知らぬまま

幼いキミに送るこの歌は
未来の僕からのメッセージ
心に鍵をかけるキミだけど
音楽だけはいつもそばにいた

今を変えるものは
憎しみや嘘ではない
キミの好きなものが
自信になる
人を繋ぐ
生きる理由運んでくる

もし今 キミが生きる事
やめてしまったとしたら
キミは少し先の光は見れない
その光がキミを救う
ものだとしても
キミはもう闇に閉ざされ……
誰も分かってはくれない
絶望を感じて
寂しさ……温もり……
感情が叫ぶ
その叫びがいつか
本当の笑顔に変わる
演じ続けた日々の向こう

１万年堂出版企画「特別対談」

見逃さないで！
学校がつらい子どもの心のＳＯＳ

「命より大切なものってあるの？」

明橋大二先生

×

シンガーソングライター

悠々ホルンさん

トークイベント in
八重洲ブックセンター本店
（東京都）

対談相手

悠々《ゆうゆう》ホルン 千葉県出身。シンガーソングライター。

10代のときに、不登校や自殺未遂に及ぶ。心に傷を抱える中高生を中心に支持が広がり、全国から応援・相談メッセージが手紙やメールにて届いている。その内容は、家庭不和、いじめ、虐待、不登校、ひきこもり、自傷行為、援助交際、自殺願望など。子どもたちのSOSを音楽や動画を通して代弁するほか、法務省、厚生労働省、学校など、あらゆる方面から声がかかり講演活動を各地で行っている。朝日新聞やNHKなど、国内外のさまざまなメディアにて取り上げられてきた。

明橋 悠々ホルンさんは、**子どものSOSソングライター**として、じつは厚労省や法務省のシンポジウムにも登壇するなど、各地で講演・演奏活動を続けられています。

私が初めて知ったのは、「不登校新聞」のインタビュー記事です。若いのにすごく真剣に子どもの問題と向き合っておられるなと思って、曲もダウンロードして聴いていました。

あるとき、茨城での講演のあと、「参加者の方からお手紙を受け取っています」と言われて開けてみると、悠々ホルンさんからの手紙だったんです。「来られてるんだったら、ぜひ会いたい」と伝えて、お会いすることができました。

ホルン　私も、『子育てハッピーアドバイス』シリーズをはじめ、以前から明橋先生の書籍を拝読していたので、ぜひお会いしてみたい、一言ご挨拶させていただきたい、とずっと思っていたんです。

私の曲を聴いてくださっていたとは光栄です。本当にありがとうございます。

明橋　じつは私も、もともと音楽が好きで、高校時代からロックにハマっていました。ちょうど、パンクがニューヨークやロンドンで大ブレイクした時代です。

その頃は、まだ高校生だったので、一応真

面目に授業に出て、勉強していましたが、大学に入ってからは、それが弾けてしまいまして（笑）。

医学部半年ぐらいで大学の講義に嫌気がさし、大阪の「ロックマガジン」という、当時最先端のロック雑誌の編集部に飛び込んだんです。そこで、雑誌の編集をしたり、日本のパンクバンドのマネジメントをしたり、インタビューや、海外歌詞の翻訳の仕事をしていました。京都の大学に行くどころか、大阪ミナミにあった、その雑誌の編集室にずっと泊まり込んでいましたね。

だからロックというのは、**私の人生観を変えてくれたもの**なんです。編集長の阿木譲さん（故人）も、音楽を通じて時代や生き方を語る人で、そういう影響がなければ、私は今頃、精神科医にもなってないし、子どもとかかわる仕事もしていなかったと思います。そういう意味で、私にとって音楽は、非常に大事なものです。

シンガーソングライターとの対談というと、異色のコラボだといわれますが、これこそ私のホームグラウンドというか、バックボーンだと思っています。

ホルン　私も小さい頃から音楽が好きでした。私のプロフィールに「不登校や自殺未遂に及んだ」と書かれていると思いますが、私は、家庭環境に少々複雑なところがありまして、小学生の頃から家に安心できる居場所がないと感じていたんです。

それで心を病み、次第に身体にいろんな症状が出てきまして、まともに授業を聞けなくなっていきました。自分にとって学校は、周囲の目に怯えながら症状の苦痛と戦う場所。だんだん耐えきれなくなり、高校生のときに学校から足が遠のいていったんです。自分に自信ももてず、自分が嫌いで消えたくなる思いでいっぱいでした。

当時、誰にも相談したりせず、ひとりでつらい気持ちを抱え込んでいました。

そんな中、音楽を聴くことや作ることで、誰にも言えない苦しい気持ちを少しずつ吐き出していたんです。あるいは、音楽という世界に没頭することで、つらい現実から逃れられるような感覚がありました。

音楽は、私にとっては癒やしであり、救いであり、**生きるか死ぬかの瀬戸際で、自分を支えてくれたものです。**それが今につながっています。

明橋　やはり音楽には、そういう力があると思いますね。

私も、本当につらいとき、悲しいときに音楽に勇気をもらったことはたくさんあります。特に、ロックやパンクの歌詞の中には、人に言えないようなドロドロとした気持ち、怒りや悲しみのようなものが歌われていて、それに私も支えられてきたなという気がします。

　今日、まずご紹介したいのは、「15歳不登校」です。不登校については、このラジオにもたくさん相談が寄せられています。

　ホルンさんの歌詞を聴いていて思うのは、精神科医のようにカウンセリングで子どもの気持ちを聞くわけではないのに、どうしてここまでわかるんだろうということです。ある意味、驚くことがあります。

ホルン　じつは応援してくれている子たちから、つらい気持ちが綴られた手紙やメールをたくさん受け取ってきたんです。私の曲は、私自身、もしくは気持ちを打ち明けてくれた子の実話をもとに作っていまして、この曲は、**当時15歳のある女の子が手紙で打ち明けてくれた話がもとになっています。**ぜひ歌詞を通して、その気持ちに耳を傾けてみてください。

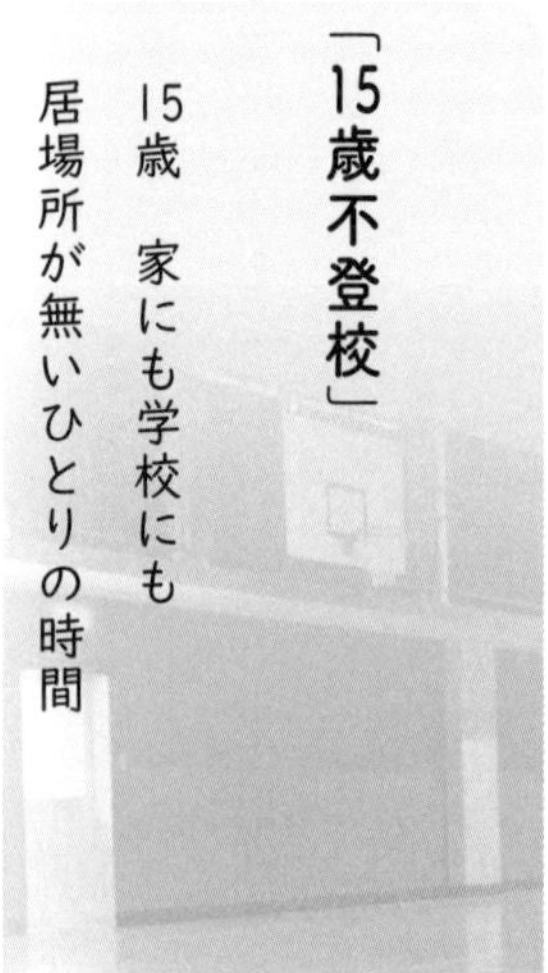

「15歳不登校」

15歳　家にも学校にも
居場所が無いひとりの時間

「たすけて」って叫べたら
でもリスクを考えたら怖くて出来ない
だって先生困るでしょ？
何が出来るの？

15歳　大人の気付かない所で
毎日が戦いの中
あなたは敵ですか？　味方ですか？
嫌な空気ひとりじゃ身を守れない

……簡単に否定するけど
私の本音に気付いてますか？
甘えとか怠けとか本当に
そう私が映っているの？

ならもういいよ
部屋を閉ざした
誰にも言えない　誰にも見えない
心の叫びよ届いて
外に出たくても　止める自分がいる
今は誰にも会いたくない
会いたくない……

15歳　親が揉め出すと
自分をどうしようもなく責めてしまう
思えば私は幼い頃から
家で〝いい子〟を努めてきた
愛されてるのか自信が無くて
不安でいつだって寂しかった　今だって

私のことをどう思っているのだろう
壊れそうな夜　ごめんなさい

ここから抜けたい　本当は抜けたい
どうすればいいの？　教えて
変わりたいけれど　どうせ私なんかって
でも変われるかな？
誰にも言えない　誰にも見えない
心の叫びよ届いて　このドアの向こう
本当の私で　家族に会いたい

15歳　もうすぐ朝が来る
アニメもゲームも今日はおしまい
明日少し風に当たろうと思うんだ

ホルン　不登校だというと、周りからは、「この子は甘えてる」「怠けてる」「がんばってない」「他の子はできているのに、何でこの子は？」という目で見られることがありますよね。子ども本人も、「自分は価値のない人間だ。消えてしまえばいい」って自分を責めてることも。

ですが、多くの子たちが手紙などで、幼少の頃から今までどんな毎日を過ごし、不登校になってからはどんな想いでいるかを詳しく送ってくれて、それを読むと、「この子は怠けてる子だな」なんて思えないんですよ。**生きることがしんどくなるものをみんな抱えている。**中には、不登校にならなければ命を落としていたという子もいる。

でも、それを**周りの人たちはたいがい気づいていない。**その子**本人でさえも、自分の心や身体をしんどくさせているものが何なのか気づいていないこともよくある**んです。

私自身も、自分のつらい気持ちを他人に説明できるくらい整理できたのは、十数年経って、客観的に自分自身や家族のことを考えられるようになってからでした。

それに、私もそうでしたけど、親や先生につらい気持ちを打ち明けられる子って、かなり少ないです。１００パーセント打ち明けられる子となると、私はゼロだと思っています。話せても、一部分。

子どもがどうして不登校になったのかよくわからない分、その過程や背景にある問題よりも、今学校に行っていないことをどうにかしなきゃと思うあまり、「甘えるな、学校行け」などときつく言ってしまうことは、多くのご家庭でありますよね。

ですが、目の前の子どもの本音をもしも知ったら、きっと頭ごなしに怒るようなことは減るだろうなって、手紙とか読んでいていつも思うんですよ。だから少しでも歌などを通して伝わってほしいなと。

明橋　本当にそうだと思います。甘えてるとか、怠けているとか、そう言われる典型的なパターンに、「**昼夜逆転**」があります。

朝起こしても起きてこない。昼間もずっと寝ていて、夜中になるとゴソゴソと起き出して、ゲームやテレビを見ている。何という楽な生活をしているのかと思われがちですが、私は昼夜逆転というのは、原因ではなく、結果だと思うんですよね。

朝起きられないから学校に行けないのではなくて、学校に行けないから昼夜逆転になるんです。というのは、学校に行けない子にとって、一番つらい時間は午前中です。みんなが学校に出かけて活動している。そういうときに、自分だけが学校に行けない。だから睡眠に逃げるわけです。

逆に、不登校の子がほっとできる時間は、真夜中です。世の中も寝静まり、親も寝ている。自分だけの世界で、家にいても誰も責めない。そういう時間が、一番楽なんです。

だから夜中に起き出して、ゲームなどをしたりするわけです。

ホルン　夜中になって、「やっと呼吸ができた」というふうに言う子もいました。

ゲームを取り上げるご家庭もありますよね。ゲームが子どもを堕落させているかのように思うのかもしれませんが、ゲームができなくなったら勉強するとか、学校に行くとか、親の望むようになるかといえば、ならない。

明橋　そうですね。これも、ゲームがやめられないから学校に行かないのではないんですよね。

学校に行けない分、時間が空くわけです。だけど、じっとしていたら、いろいろと考え事をしてしまう。そうすると、ろくなことを考えない。「このままどうなるんだろう？」とか、「勉強しなくて大丈夫だろうか？」「親はすごく苦しんでいるのに、何で自分はできないんだろう」と、どんどん自分を責めることしか出てこないんです。

それを少しでも気分転換する方法が、ゲームだったりするわけです。

だから私は、ネガティブ思考の悪循環にな

らないために、ゲームには必要な部分もあると思っています。

たしかにゲーム中毒というのが問題になっていますが、これも私は原因ではなく、結果だと思ってるんですね。

しっかり睡眠時間さえ確保していたら、ある程度は任せていていいんじゃないかと思います。回復するとともに、周りに関心が向いてきて、元気になって、そこから少しずつゲームの時間も変わってくると思います。

ホルン　そうやって見守ってもらえるといいですよね。

私もゲームは毎日のようにやっていたのですが、つらい現実世界から一時的に意識を避難させて、心のバランスを保つものになっていました。

原因と結果という話がありましたが、不登校って、じつは必ずしも学校が嫌だからなるとも限らなくて、学校に友達もいて、行けば結構楽しく過ごせるという子もいるんです。だけど、どうしても学校へ行く気力が湧かない。ただ、周りにはわかりやすい理由がないと、なかなか理解納得してもらえないんですよね。**特に、目に見えない苦しみはわかってもらいづらい。**

何かの病気にかかっている子もいれば、家族がバラバラになりそうで不安で仕方がない子もいる。優秀な子どもになるようにと、その大きな期待に押しつぶされそうになっている子もいる。人づき合いにすごく神経をつかっている子も。いろんな不安や苦しみが積み重なって、心も身体も疲れてしまっている子がたくさんいます。

そうして不登校になったらなったで、今度は不登校のことを周りから散々言われたり、自己嫌悪したりして、八方塞がりに感じてしまう。

それが本当にひどくなってくると、何とかこの苦しみから逃れるには命を絶つしかないんじゃないか、ぐらいに考えてしまうことがあるんですよね。まさに私がそうでした。

明橋　**生きているって、決して当たり前のことではないんです。**特に不登校や引きこもりの子は、学校に行けなくて、自分の未来にも希望がもてず、家族に迷惑をかけていると思って、すごく自分を責めているわけですよね。

心の中では死んだほうがいい、消えたほうがいいと思っていて、それでもやっぱり親を悲しませてはいけない、死ぬのは怖いと、毎日生きているんです。それだけで、私は大変なことだと思います。

本当に、みんながんばって生きていると思いますし、よくがんばって生きてきたよね、と言いたくなる子どもたちに、これまでたくさん会ってきました。

私は、やはりそこが原点ではないかと思うんですよね。

「命より大切なものってあるの？」ということで、もちろん、学校に行けることも大事なことだし、勉強することも大事。だけど、そのために命を失うぐらいなら、何のための学校なのか、勉強なのか、わからないですよね。

極端な話、いじめ自殺というのは、もしこの世に学校がなければ、死ななくてすんだ命なんです。学校に行かなきゃならないと思い続けたからこそ、自殺せざるを得なくなったわけです。

もちろん、勉強も学校も大事だけれども、その前に命が大事。生きていたら何とでもなる。その渦中にいる間は、子ども自身も、親御さんも、なかなかそうは思えないかもしれません。

だからこそ、そうじゃないんだよ、人生終わったわけではないし、たくさん希望はあるんだよ、ということを伝えたいと思うんですよね。

ホルン　私も、本当に、いろんな子との出会いの中で、「この子は生きることをがんばってる」と思うことばかりでした。

小さい頃から、どこでもひといちばい神経をつかって生きてきた子が多いですね。

これは本当によく出てくる話ですが、子どもが学校を休み続けている状況で、親としてはどうしたらいいのだろう、このままでいいのだろうかと、不安になったり葛藤したりしますよね。

そうしたときに、**「おまえの教育が悪いせいだ」などと夫婦ゲンカが始まること**があります。それが何よりもつらいという子が少なくないんです。

お家の中にピリピリとした緊張感が漂う中、親がつらそうにしていたり、怒っていたり、悲しんでいたり、それが表情や仕草、言葉に表れているのを見るたび聞くたびに苦しくなったり、自分を責めてしまうこともよくあるんですね。

明橋　すごくよく見てますよね、子どもは。

不登校になる子の中には、何でも気づく子、優しい子が多くて、そういう子は集団生活で疲れてしまうんですよね。

ひといちばい敏感な子（HSC＝Highly Sensitive Child）といいますが、不登校の背景にもなっているんじゃないかと、私は話しています。

敏感だから、親にもすごく気をつかいます。自分も苦しいのに、学校に行けないことで親が苦しんでいるんじゃないかと、ひといちばい感じています。

お父さんとお母さんがけんかしているだけで、自分のせいだと思ったりします。別にそういうことではなく、もともと夫婦仲が悪かったからけんかしてるだけなんですが、それも自分のせいにしてしまいます。

だから逆に、とりあえず、父親母親が今までどおり普通に生活をしている、穏やかにやっているというだけで、すごく安心しますし、それが親としてできる、最も大きなことだという気がするんですよね。

ホルン　本当にそう思います。多くの子の胸の中には、幼い頃から、「家族が仲よくあってほしい」とか、「もっと僕に関心をもってほしいよ、がんばりや、つらさを認めてほしいよ」とか、そういう気持ちが隠れていますす。

それを言葉にして親に伝えることは、なかなかないでしょうし、親の前では反抗的な態度だったりして、毎日、親子ゲンカをしているご家庭もあると思います。

だけど、じつは子どもからすると、**親が笑顔でいてくれる、家族で仲よくご飯が食べられる、そんなことで安心できたり、そうなることを心の底で求めていたりする**んですね。

不登校の子はずっと家にいるから、心も身体も十分に休めているように思われるかもしれませんが、常に家の中がピリピリしていて安心できないと、ずっと神経をつかって、あまり休まらないんですよね。ドアの向こうからかすかに聞こえてくる家族の話し声や、ドアを閉める「バンッ！」っていう音にまで敏感にアンテナを張っています。

明橋　そういう意味で、子どもに心配なことが起きたとき、子どもの気持ちを考えることも大事ですが、まずは親自身が気分転換することも大事です。

子どもが不登校や引きこもりになっているのに、親が楽になるなんていけないことじゃないかと思う人もありますよね。でも、じつは子どもが一番願っているのは、**親が楽になること**です。

親からすると、おまえがいるから楽になれないんだよということかもしれませんが、それはちょっと置いといて、親が気分転換する、あるいは親自身が支えてもらうということが、まずは大事だと思っています。

だから、親自身が自分のケアをすることに罪悪感をもたなくていい、と私は思うんですよね。

ホルン　私も、親御さんがまず自分の気持ちを人に聞いてもらったり、息抜きになることを考えたりすることは大事だと思います。

子どもを変えようと、いろいろ試してみるがうまくいかず、不安やストレスが解消されないまま、子どもの前でどうしてもきつくなってしまって。子どもも耳の痛い話をされると感じて身構えますので、親と顔を合わせないよう部屋から出なくなっていったりして、悪循環になることってあるんですよね。

子どもの不登校のことに限らず、ご夫婦の問題とか、ご自身が長年抱えてきた悩みであるとか、それが少しずつ軽くなって気持ちに余裕が出てくると、表情や声のトーンが明るくなってきて、それを子どもが感じ取って安心する、親を前に身構えずにいられたり、親子での会話が増えたり。

「親が変わると子も変わる」なんていう話をよく聞きますね。次の一歩を踏み出す気力を取り戻すためにも、家の中に安らげる時間や空間があるかどうかって、すごく大事なことです。家族で過ごすお家が、子も親も早く帰りたいなって思える居場所になるといいですよね。

明橋　そうですよね。最後に、ホルンさん自身、つらい自分と一区切りついた中で作った、「おかえり」という歌を聴かせてもらいたいと思います。

ホルン　「おかえり」という歌は、いろんなつらいこと、苦しいことが今まであったけれど、人生の旅を続けてきてやっと安心できる居場所にたどり着けたその現在に、つらかった頃の自分をお迎えしたいなという思いから作りました。

時間はかかるかもしれないけれど、いつかそういう場所にたどり着けるといいなと願いつつ、お届けしたいと思います。

「おかえり」

黙っていても
そばにいればそれだけで
安心出来る場所
帰りたいな

小さい頃の記憶の中に
机を囲む家族がいて
嬉しい事も悲しい事も
全てを包んでくれると思ってた

仲良くなってよ
喧嘩しないでよ
怒らないでよ
置いてかないでよ

笑っていてよ
我慢するから
胸の中で
扉が閉じた

あの日の僕を
今なら救えるかもしれない

もう一度

黙っていても

そばにいればそれだけで
安心出来る場所
帰りたいな
憎んでた事
誰にも言えずにいた事
荷物を降ろしたら
素直になれたら
時間を取り戻せるかな

昼間のレストラン
女の子を連れた
母親の叱る大きな声に
かわいそうだって
周りが囁く

その母親は愛を知らずに生きてきた
その子が大きくなり
互いにいがみあい
どこかで母親を恨んでいたとしても
お母さんあなたが
もし変われたなら
彼女は戻ってきてくれるよ
ホントはあなたが大好きなんだから

特別なものは
何もいらないよ
愛されたいだけ
ただそれだけ

あなたの事を
たくさん傷付けた
ごめんねと
そう言われたら
僕の負けだよ
今日くらい思い切り甘えさせて欲しいな

生きてる意味や
自分の価値は無いって
散々壁蹴った後
泣いてた夜
そのモヤモヤを
とにかく分かって欲しくて

悪い子を演じては
居場所を求めた

決して合わない視線
あの頃いつもどこか寂しかった
全部僕が悪いんでしょ？って
最後はだまってうつむいてた僕

ずっと嫌で見れなかった
色褪せてく家族写真が
今になってこの僕に
大切なものを気付かせてくれた
見慣れた街の
駅から伸びるその道を

真っ直ぐ行けば

黙っていても
そばにいればそれだけで
安心出来る場所
帰りたいな
愛のある場所

子供のまま置き去りだった僕に
おかえりって
言ってあげたい

おかえりって
言ってあげたい

明橋先生からあなたへ送るメッセージ

生きててくれてありがとう。

明橋大二

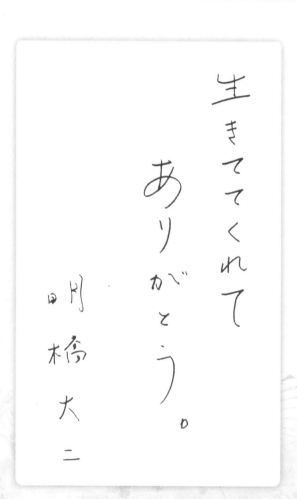

1万年堂出版企画「LINE公式アカウント」

「Dr.明橋のココロがほっとするラジオ」って？

明橋先生

収録はいつもこのおふたりで、オンラインで行っています。手作り感あふれるラジオですが、リスナーの声を聞きながら、双方向で運営中。毎日をがんばってるあなたに贈る「人生ハッピーアドバイス」をぜひお楽しみください。


ナビゲーターの藤森文子です。

悩み相談には、毎回子育てから人生まで、さまざまな相談が寄せられます。三児の母、かつＨＳＰ（ひといちばい敏感な人）の私はどれも共感できる内容で、収録ではまるで自分がカウンセリングを受けているかのようです。悩める方の気持ちをくんだ明橋先生の温かいメッセージに、感動の涙をこらえながら進行することもしばしば。

皆さんのリクエストや、悩み相談をお待ちしています。

藤森さん

◀明橋先生の生のトークが聴ける！

「ココロほっと LINE 公式アカウント」ご登録はこちら。

〈著者プロフィール〉

明橋　大二（あけはし　だいじ）

昭和34年、大阪府生まれ。心療内科医。

京都大学医学部卒業。

国立京都病院内科、名古屋大学医学部附属病院精神科、愛知県立城山病院をへて、真生会富山病院心療内科部長。

ＮＰＯ法人子どもの権利支援センターぱれっと理事長、富山県虐待防止アドバイザー、一般社団法人ＨＡＴ共同代表。

著書に500万部突破の「子育てハッピーアドバイス」シリーズ、『なぜ生きる』（共著）、『みんな輝ける子に』『見逃さないで！子どもの心のＳＯＳ』『ＨＳＣの子育てハッピーアドバイス』、『ひといちばい敏感な子』（訳書）など多数。

現在は、全国で「認定子育てハッピーアドバイザー養成講座」を開講し、支援者育成に当たっている。

（詳細は、www.hat-a.com〈一般社団法人ＨＡＴ〉）


〈装幀・デザイン・DTP・イラスト〉

ユニバーサル・パブリシング株式会社

こころがほっとするアドバイス

令和2年(2020)6月11日　第1刷発行

著　者　明橋 大二

発行所　株式会社　1万年堂出版
〒101-0052　東京都千代田区神田小川町2-4-20-5F
電話　03-3518-2126
FAX　03-3518-2127
https://www.10000nen.com/
製　作　1万年堂ライフ
印刷所　萩原印刷株式会社

ISBN978-4-86626-057-0　C0095